Frank Becker

Abi kompaktWissen

Deutsch

Literaturgeschichte

Klett Lerntraining

Frank Becker ist Gymnasiallehrer für die Fächer Deutsch und Philosophie in Nordrhein-Westfalen.

Bibliografische Information der Deutschen Bibliothek
Die Deutsche Bibliothek verzeichnet diese Publikation in der Deutschen Nationalbibliografie; detaillierte bibliografische Daten sind im Internet über http://dnb.ddb.de abrufbar.

Quellenverzeichnis:
S. 160: Jakob van Hoddis, Weltende. Arche 1958
S. 177: Kurt Tucholsky, „Dämmerung". In: Gesammelte Werke Band 2 (1919–1920), Rowohlt Verlag, Reinbek 1975, S. 288 ff.
S. 197: Bertolt Brecht, Hollywood. In: Gesammelte Werke, Suhrkamp Verlag Frankfurt a. M. 1967
S. 211: Friedrich Dürrenmatt, Die Aufgabe der Kunst. In: Theaterprobleme, Diogenes Verlag Zürich 1955

Auflage 4. 3. 2. 1. | 2012 2011 2010 2009
Die letzten Zahlen bezeichnen jeweils die Auflage und das Jahr des Druckes.
Dieses Werk folgt der neuesten Rechtschreibung und Zeichensetzung. Ausnahmen bilden Texte, bei denen künstlerische, philologische oder lizenzrechtliche oder andere Gründe einer Änderung entgegenstehen.

www.klett.de/lernhilfen
Umschlaggestaltung: Know idea GmbH, Freiburg, mit Franziska Döhler
Satz: GreenTomato Süd GmbH, Stuttgart
Druck: AZ Druck und Datentechnik GmbH, Kempten
Printed in Germany
ISBN: 978-3-12-929994-4

9 783129 299944

INHALT

INHALT

INHALT

Vorwort

LIEBE ABITURIENTIN, LIEBER ABITURIENT,

in diesem Buch finden Sie alles, was Sie in der Oberstufe über die deutsche Literaturgeschichte wissen müssen.

Sie wollen schnell, gezielt und kompakt das Wichtigste lernen und sich optimal auf den Unterricht vorbereiten.

Dabei hilft Ihnen der **QUICK-FINDER**:
- Jedes Kapitel beginnt mit einer übersichtlichen Auflistung aller wesentlichen Themen.
- Prüfen Sie, ob Sie zu jedem Thema etwas sagen können.
- Wenn Sie zu einem Thema mehr wissen wollen, verweisen die Seitenzahlen auf den entsprechenden Abschnitt im Buch.
- Damit Sie den Abschnitt schneller finden, ist das Thema farbig markiert.

SPEZIALTHEMEN vertiefen besonders wichtige Aspekte, damit Sie im Unterricht punkten können.

Im **STICHWORTVERZEICHNIS** finden Sie zusätzlich alle wichtigen Lernbegriffe.

Viel Erfolg im Abitur wünscht Ihnen

Ihr Klett Lerntraining-Team

1 Die Anfänge der deutschen Literatur

Frühmittelalter

QUICK-FINDER

Perioden der Literatur des Mittelalters

EPOCHENEINTEILUNG Die deutsche Literatur des Mittelalters umspannt einen Zeitraum von acht Jahrhunderten. Es lassen sich drei Hauptperioden voneinander unterscheiden:
- Literatur des **frühen Mittelalters** (ca. 700 – 1050)
- Literatur des **Hochmittelalters** (1050 – 1160 / 70)
- die Literatur des **Spätmittelalters** (1160 / 70 – 1500).

Die Literatur des frühen Mittelalters wurde vor einigen Jahren noch als die althochdeutsche Periode bezeichnet. Diese Bezeichnung ist jedoch irreführend, da zwischen

700 und 1050 eine „deutsche“ Sprache im engeren Sinne noch gar nicht existierte. Erst in einem Jahrhunderte andauernden Prozess entwickelte sich aus den Volkssprachen einiger westgermanischer Stämme wie der Franken, Thüringer und Bayern eine eigene Sprache, das so genannte Althochdeutsche, das sich wesentlich vom Mittelhochdeutschen und unserem Neuhochdeutschen unterscheidet.

Literarische Kultur im Frühmittelalter

KLERIKALE PRÄGUNG DER LITERATUR Die literarische Kultur im frühen Mittelalter war klerikal geprägt. Mündlich überlieferte Dichtung wurde durch **Scriptoren** („Schreiber“) handschriftlich fixiert und gesammelt und war ein **Teil des klösterlichen Lebens**, ohne dabei ein Publikum außerhalb der Hemisphäre der Klöster zu finden.

FORMEN DER DICHTUNG Neben der **Heldendichtung** spielten im frühen Mittelalter vor allem die **Zauberdichtung** – am bekanntesten sind die *Merseburger Zaubersprüche* (aufgezeichnet im 10. Jh.) – sowie **Bibelübersetzungen** und **Gebete** wie das *Wessobrunner Gebet* (eine Handschrift um 814) eine wichtige Rolle.

FRÜHMITTELALTER	
Zauberdichtungen	*Merseburger Zaubersprüche*
Bibelübersetzungen und Gebete	*Wessobrunner Gebet*
Heldendichtungen	*Hildebrandslied*

MERSEBURGER ZAUBERSPRÜCHE Diese sind **germanisch-heidnischen Ursprungs** und in **althochdeutscher Sprache** verfasst. Die *Merseburger Zaubersprüche* stammen aus einer handschriftlichen Überlieferung des ersten oder zweiten Drittels des **10. Jahrhunderts** und gelangten in eine Sammelhandschrift, die später der Merseburger Dombibliothek angehörte. Der erste der beiden überlieferten Zaubersprüche erzählt von drei heiligen Frauengruppen, den „Isen", die die Kunst des Fesselns und Loslösens von gefangenen Kriegern beherrschen. Die *Merseburger Zaubersprüche* sind in **stabreimenden Langzeilen** verfasst, der eigentliche Zauberspruch befindet sich im letzten Vers.

Der erste Merseburger Zauberspruch

Eiris sazun Idisi,	sazun hera duoder.
suma hapt heptidun,	suma heri lezidun,
suma clubodun	umbi cuoniouuidi:
insprinc haptbandun,	inuar uigandun! –

Übersetzung

Einst saßen Idisen, saßen hier und dort. Einige hefteten Haftbande, einige hemmten das Heer, einige knüpften die Fesseln auf: Spring aus den Haftbanden, entfahre den Feinden!

WESSOBRUNNER GEBET Das *Wessobrunner Gebet* entstand vermutlich **um das Jahr 790** und ist in einer um 814 im südlichen Bistum Augsburg entstandenen lateinischen Sammelhandschrift überliefert. Der Text besteht aus zwei Teilen: einem stabreimenden **Fragment eines Schöpfungsgedichts** und einer **Gebetsformel in Prosa**.

Das Wessobrunner Gebet

Dat gafregin ih mit firahim firiuuizzo meista:
Dat ero ni uuas noh ufhimil,
noh paum noh pereg ni was,
ni [blomo] nohheinig noh sunna ni scein,
noh mano ni liuhta, noh der mareo seo.
Do dar niuuiht ni uuas enteo ni wenteo;
enti do uuas der eino almahtico cot,
manno miltisto, enti dar uuarun auh manake mit inan
cootlihhe geista. enti cot heilac.

Übersetzung

Das erfuhr ich unter den Menschen als der Wunder größtes, dass es die Erde nicht gab und nicht den Himmel, es gab nicht Baum noch Berg noch irgendeine [Blume], es schien nicht die Sonne, es leuchtete weder der Mond noch das glänzende Meer. Als da nichts war, ohne Anfang und Ende, in ungemessener Zeit, war da doch der eine allmächtige Gott, der Wesen freigebigste, und es waren bei ihm auch viele herrliche Geister, und es war der heilige Geist.

HILDEBRANDSLIED Eines der ältesten Dokumente der deutschen Literatur ist das *Hildebrandslied*. Die im **8. Jahrhundert** verfasste und von einem unbekannten Verfasser stammende Dichtung gilt als eine der frühesten poetischen Textzeugnisse deutscher Sprache. Der nur unvollständig erhaltene Text, ein **heldenepisches Stabreimgedicht**, das aus 68 Langversen besteht, erzählt eine Episode aus dem **Sagenkreis um Dietrich von Bern**. Im Mittelpunkt der Dichtung steht **Hildebrand**, der Frau und Kind verlassen hat, um als Waffenmeister Dietrichs in den Krieg zu ziehen. Als er nach 30 Jahren zurückkehrt, stellt sich ihm an der Grenze ein junger Krieger mit seinem Gefolge entgegen. Auf Hildebrands Frage, *wer sin fater wari* (wer sein Vater wäre), antwortet dieser, dass er **Hadubrand** sei. Hildebrand erkennt in Hadubrand seinen Sohn. Hadubrand aber, der vom Tod seines Vaters ausgeht (*tot is hiltibrant*), glaubt nicht den Beteuerungen seines Vaters, die er für eine List hält. Er fordert den eigenen Vater zum Zweikampf heraus, den der Vater der Ehre wegen annehmen muss und zwischen den beiden Heeren stehend über sein furchtbares Schicksal klagt.

Der Anfang des Hildebrandsliedes

Ik gihôrta dat seggen,
dat sih urhêttun   aenon muotîn,
Hiltibrant enti Hadubrant   untar heriun tuêm.
garutun se iro gudhamun,   gurtun sih iro suert ana,
helidos, ubar hringa,   do sie to dero hiltiu ritun,
Hiltibrant gimahalta [Heribrantes sunu]:   her uuas heroro man,
ferahes frotoro;   her fragen gistuont
fohem uuortum, hwer sin fater wari

Übersetzung

Ich hörte das sagen,
dass sich Herausforderer einzeln abmühten:
Hildebrand und Hadubrand zwischen zwei Heeren.
Sohn und Vater bereiteten ihre Rüstung,
richteten ihre Kampfgewänder, gürteten sich ihre Schwerter um,
die Helden, über die Rüstung, als sie zu dem Kampf ritten.
Hildebrand sagte, Heribrands Sohn, er war der ältere Mann,
des Lebens erfahrener, er begann zu fragen,
mit wenigen Worten, wer sein Vater gewesen sei.

Hochmittelalter und Spätmittelalter

QUICK-FINDER

Literarische Kultur im Hochmittelalter

ENTWICKLUNG EINER LITERARISCHEN ÖFFENTLICHKEIT Erst die Literatur des **Hochmittelalters** kennt im engeren Sinne eine **literarische Öffentlichkeit**. Literatur wurde **mündlich tradiert** und an **Kaiser-** und **Fürstenhöfen** vorgetragen. **Träger der Literatur** waren nun zunehmend **Laien**, die sich an den Höfen an ein **Publikum** richteten, das sich aus **Lehnsherrn**, **Rittern** und den **Damen** des Hofes zusammensetzte.

FORMEN DER DICHTUNG Die höfische Literaturkultur umfasste **epische** und **lyrische Gattungen**. Insbesondere bildeten sich dabei das **Heldenepos** wie das berühmte *Nibelungenlied* und der **höfische Roman** wie **Wolfram von Eschenbachs** *Parzival* oder **Gottfried von Straßburgs** *Tristan und Isolde* heraus.

HOCHMITTELALTER	
Heldenepos	*Nibelungenlied*
höfischer Roman	**Wolfram von Eschenbach** (um 1170–um 1220), *Parzival;* **Gottfried von Straßburg**, *Tristan und Isolde;* **Hartmann von Aue** (1165–um 1215), *Iwein*
Minnesang	**Walther von der Vogelweide** (um 1170–um 1230), **Dietmar von Aist** (1140–1171)

Das Nibelungenlied und seine Quellen

Geschichtlicher Hintergrund

Das *Nibelungenlied* weist in seinen Wurzeln auf Ereignisse während der **Völkerwanderung** zurück, nämlich auf die Geschichte des Hunnenkönigs **Attila**, der das Reich der Burgunden zerstörte, und auf die Geschichte von König **Gunther**, der mit seinem gesamten Heer unterging.

Quellen und Stoffgeschichte

Dem Epos, das von einem unbekannten Dichter um 1200 verfasst wurde, liegen mehrere Quellen und Stoffkomplexe zugrunde, insbesondere das *Alte Atlilied* und das *Alte Sigurlied* aus der *Edda*.

Das Alte Atlilied

Hier wird die Geschichte des Hunnenkönigs Attila mit der Geschichte von König Gunther verbunden: **Attila** hat demnach **Kriemhild**, die Schwester des Burgunderkönigs Gunther, zur Ehe gezwungen, die daraufhin den Tod ihrer Brüder an Attila rächte.
Einer Variante aus dem 8. Jahrhundert zufolge habe jedoch Kriemhild ihre Brüder des Nibelungenschatzes wegen umbringen lassen.

Das Alte Sigurlied

In einem Kampf mit Zwergen gewinnt **Siegfried** die berühmte **Tarnkappe** und den Unheil bringenden **Schatz der Nibelungen**.

Inhaltszusammenfassung: Das Alte Sigurlied
Siegfried kommt zu den Burgunden und begehrt Kriemhild zur Frau, was jedoch an die Bedingung geknüpft ist, Brunhild für Gunther zu gewinnen, was ihm mithilfe der Tarnkappe auch gelingt. Brunhild erfährt in einem Streit mit Kriemhild von diesem Betrug und verpflichtet Hagen zum Rächer ihrer Ehre. Hagen tötet daraufhin Siegfried und versenkt den Schatz der Nibelungen im Rhein. Brunhild stirbt ihm nach und Kriemhild sinnt nun ihrerseits auf Rache gegen Hagen und die mitschuldigen Brüder. Nach Jahren nimmt sie die Werbung des Hunnenkönigs Etzel an, lädt Hagen und die Brüder ein, übergibt sie aber den Schwertern der Hunnen. Hagen weigert sich, den Ort des Nibelungenschatzes zu verraten und wird von Kriemhild mit Siegfrieds Schwert gerichtet. Kriemhild wird im Gegenzug von Hildebrand getötet.

Die Anfangsstrophe des Nibelungenliedes
Uns ist in alten maeren wunders vil geseit
Von helden lobebaeren, von grôzer arebeit
Von fröuden, hôchgezîten, von weinen und von klagen,
von küener recken strîten muget ir nu wunder hoeren sagen.

Übersetzung
Uns wird in alten Geschichten an Wunderbarem viel erzählt:
Von rühmlichen Helden, von großem Leid,
von Freudentagen und Festtagen, von Schmerz und Trauer
und vom Kampf tapferer Helden könnt ihr jetzt Wunderbares erzählen hören.

Formen der Lyrik im Hochmittelalter

MARIENLYRIK UND MINNESANG In der Marienlyrik steht die Verehrung der Mutter Gottes im Zentrum. Im Vordergrund des Minnesangs steht die **stilisierte Verehrung der verheirateten Frau**. Der Minnesang dient der **höfischen Unterhaltung** und folgt feststehenden **Konventionen**, denen zufolge ein **Ritter** einer höfischen **Dame** mittels eines feststehenden literarischen Repertoires huldigt.

Dietmar von Aist, *Slâfst du, friedel ziere?*
»Slâfst du, friedel ziere?
man weckt uns leider schiere:
ein vogellîn sô wol getân
daz ist der linden an daz zwî gegân.«
»Ich was vil sanfte entslâfen:
nu rüefstu kint Wâfen.
liep âne leit mac niht gesîn.
swaz du gebiutst, daz leiste ich, friundin mîn.«
Diu frouwe begunde weinen.
»di rîtst und lâst mich eine.
wenne wilt du wider her zuo mir?
owê du füerst mîn fröide sament dir!«

Übersetzung
»Es dämmert an der Halde,
man weckt uns, Liebster, balde.
Ein Vöglein aus dem Neste schwang
sich auf der Linde Zweig empor und sang.«
»Noch lag ich sanft im Schlummer,
da weckte mich dein Kummer.
Lieb ohne Leid kann ja nicht sein.

Was du gebietest, tu ich, Liebste mein.«
Sie ließ die Tränen rinnen:
»Du reitest doch von hinnen.
Wann kommst du wieder her zu mir?
Ach, meine Freude nimmst du fort mit dir.«

SPRUCHDICHTUNG UND VAGANTENLYRIK Die Spruchdichtung wurde von fahrenden Sängern vorgetragen und nahm politisch Stellung oder hatte moralische Lehren zum Gegenstand. Die Vaganten (= fahrende Studenten) verfassten Trink-, Tanz- und Liebeslieder. Oftmals waren die Verfasser hohe Geistliche, die diese Dichtungen anonym schufen.

Literarische Kultur im Spätmittelalter

PRÄGUNG DURCH DIE KULTUR DER STÄDTE Im Spätmittelalter gewannen Territorialfürsten, Städte und das Bürgertum an Bedeutung. Die Literatur wird nun durch die Kultur der Stadt und nicht mehr durch die Höfe geprägt.

FORMEN DER DICHTUNG Aus Sängergemeinschaften an Pfarreien entsteht der **Meistersang**, der literarisch in der Tradition des Hochmittelalters steht. Überaus beliebt waren **Satiren** wie etwa *Das Narrenschiff* von **Sebastian Brant** (1457–1521), **Fabeldichtungen** wie *Reineke Fuchs* (Vorform *Reinke de Vos* um 1498, die hochdeutsche Fassung entstand 1544 und wurde zum Volksbuch) und **Schwankdichtungen** wie *Till Eulenspiegel.*

MORALSATIRE Das erfolgreichste deutschsprachige Buch vor der Reformation war *Das Narrenschiff* von **Sebastian Brant.** Diese erstmals 1494 gedruckte, 1497 ins Lateinische übersetzte, und bald in ganz Europa populäre spätmittelalterliche Moralsatire schildert eine **Schifffahrt von 100 Narren** in Richtung Narragonien. **Brant** hält mit Hilfe dieser Erzählfiktion der Welt den Narrenspiegel vor, deren fast unzählige Laster er schildert.

DIE ANFÄNGE DER DEUTSCHEN LITERATUR

Frühmittelalter	Klerikale Prägung in der Abgeschiedenheit der Klöster
	Heldendichtung, Zauberdichtung, Bibelübersetzungen und Gebete
Hochmittelalter	Literarische Öffentlichkeit an den Kaiser- und Fürstenhöfen
	Heldenepos, höfischer Roman, Minnesang, Kreuzzugs- und Vagantendichtung
Spätmittelalter	Prägung durch die Kultur der Städte
	Meistersang, Satiren, Volkslieder und Schwankdichtungen

2 Barock

Grundlagen

QUICK-FINDER

Grundgegensätze im Barock

BEDEUTUNG UND HERKUNFT DES WORTES BAROCK Das Wort „**Barock**" („der" oder „das" Barock) kommt aus dem portugiesischen „**barocco**" und bedeutet „seltsam geformte, **schiefrunde Perle**"; es wurde im 18. Jh. in Frankreich als Bezeichnung („baroque") für Kunstformen gebraucht, die dem klassizistischen Geschmack der Franzosen nicht entsprachen, der Begriff war ursprünglich abwertend gemeint.

BEDEUTUNG DES 30-JÄHRIGEN KRIEGES Das prägende historische Ereignis im Europa des 17. Jahrhunderts war der Dreißigjährige Krieg, dem mehr als ein Drittel der Gesamtbevölkerung zum Opfer fielen. Die Erfahrung von Tod und Verderben war allgegenwärtig und zog unterschiedliche, aber stets extreme Reaktionen nach sich. Einerseits ist eine Hinwendung zum Ewigen und zum **Trost im Glauben** zu beobachten, andererseits eine leidenschaftliche **Gier nach Lebensgenuss** und prunkvoller Repräsentation.

BEGRIFFLICHE GEGENSÄTZE Die Literatur des Barock ist durch die Entfaltung begrifflicher Gegensätze geprägt: Während auf der einen Seite der Prunksucht das Massenelend entgegengestellt wurde, wurde der Lebenslust die Hinwendung zur Religion entgegengesetzt. Jeglichen Formen des Scheins menschlicher Existenz wurde die Frage nach dem eigentlichen Sein entgegengehalten, wodurch das Ziel verfolgt wurde, der als in sich widersprüchlich empfundenen Welt durch die Hinwendung zur Religion Sinn und Ordnung zu geben.

VANITAS – CARPE DIEM – MEMENTO MORI Die barocken Dichter stellten in ihren Schelmenromanen, Märtyrerdramen, Sonetten, Epigrammen den Gedanken der **Eitelkeit der Welt** (vanitas) sowie die Motti **„Nutze den Tag!"** (carpe diem) und **„Bedenke den Tod!"** (memento mori) in den Mittelpunkt.

Barockes Dichtungsverständnis

BEDEUTUNG DER ANTIKEN REGELPOETIK Von wenigen Ausnahmen abgesehen gehören die Dichter des Barock dem Gelehrtenstand an, die sich im Rahmen ihrer Universitätsausbildung gründlich mit der antiken Rhetorik und Poetik beschäftigten, also denjenigen Disziplinen, die im 17. Jahrhundert die Voraussetzung darstellten, um normgerecht dichten zu können. Aus diesem Grund war nicht die Orginalität und Subjektivität des Dichters ausschlaggebend, sondern die perfekte Beherrschung vorgegebener Motive und Formen.

BAROCKES LEBENSGEFÜHL Beispielhaft bringt **Christian Hofmann von Hofmannswaldau** in seinem Gedicht *Die Welt* das barocke Lebensgefühl zur Sprache. Strophe für Strophe werden die Grundgegensätze der barocken Weltsicht entfaltet.

Christian Hofmann von Hofmannswaldau: ***Die Welt*** (1679)
Was ist die Welt / und ihr berühmtes gläntzen?
Was ist die Welt und ihre gantze Pracht?
Ein schnöder Schein in kurtzgefassten Gräntzen /
Ein schneller Blitz bey schartzgewölckter Nacht.

Ein bundtes Feld / da Kummerdisteln gruenen;
Ein schön Spital / so voller Kranckheit steckt.
Ein Sclavenhauß / da alle Menschen dienen /
Ein faules Grab / so Alabaster deckt.

Das ist der Grund / darauff wir Menschen bauen /
Und was das Fleisch für einen Abgott hält.
Komm Seele / komm / und lerne weiter schauen /
Als sich erstreckt der Zirckel dieser Welt.

Streich ab von dir derselben kurtzes Plagen /
Halt ihre Lust vor eine schwere Last.
So wirst du leicht in diesen Port gelangen /
Da Ewigkeit und Schönheit sich umbfast.

Die Deutung des Leidens in Christian Hofmann von Hofmannswaldaus Gedicht *Die Welt*		
Frage nach der Grundverfassung der Welt und Beantwortung dieser Frage	⟷	„Was ist die Welt und ihre gantze Pracht?“; „Ein schnöder Schein“
Erläuterung der Grundverfassung der Welt durch drastische Metaphern	⟷	„Ein schön Spital / so voller Kranckheit steckt“; „ein faules Grab, so Alabaster deckt“
Schlussfolgerung und Aufforderung	⟷	„Das ist der Grund / darauff wir Menschen bauen“; „Komm Seele / komm“
Hinwendung zum Göttlichen als Lösung, Versprechen	⟷	„So wirst du leicht in diesen Port gelangen / Da Ewigkeit und Schönheit …“

RÜCKGRIFF AUF DIE ANTIKE RHETORIK Die barocke Lyrik basiert auf den **Regelwerken der antiken Rhetorik und Poetik.** Nach dem barocken Dichtungsverständnis kommt es dabei nicht auf das individuelle Lebensgefühl und die individuellen Einfälle und Ideen des einzelnen Dichters an, sondern auf die **Illustration der Grundprinzipien der barocken Welt.**

DAS BAROCKE DICHTUNGSVERSTÄNDNIS

Nicht Originalität, sondern bestmögliche Ausgestaltung eines vorgegebenen Musters

↓

Rhetorische Umsetzung des „Vanitas"-Gedankens

↓

Beachtung der drei Wirkabsichten der antiken Rhetorik:

delectare (unterhalten)	*docere* (belehren)	*movere* (bewegen)

Von *docere* (belehren) ausgehend:

memento mori (Bedenke den Tod)	*carpe diem* (Nutze den Tag)

FESTSTEHENDE THEMEN, MOTIVE U. FORMEN Dabei galt nicht derjenige Dichter als besonders kunstvoll, der seine Gedichte möglichst einzigartig und originell gestaltete, sondern derjenige, der eine bereits erprobte lyrische Form innerhalb feststehender rhetorischer Vorgaben besonders perfekt ausgestalten konnte. Aus diesem Grunde sind barocke Gedichte leicht zu interpretieren: Da feststehende Themen, Motive und Formen nur variiert werden, kann – von einigen wenigen Ausnahmen abgesehen – die Interpretation schematisch verlaufen.

BEGRIFFLICHE GEGENSÄTZE IM BAROCKEN ZEITALTER

Gegenreformation, Glaubenskriege, Hexenverfolgungen, 30-jähriger Krieg, Pest	↔	bahnbrechende Entdeckungen in Mathematik und den Naturwissenschaften
Prunkvolles Leben an den absolutistischen Höfen	↔	Massenelend und Unbildung in breiten Volksschichten
Gier nach Lebenslust	↔	Hinwendung zur Religion

AUTOREN, THEMEN UND MOTIVE Der wohl heute bekannteste Barockdichter ist der aus Schlesien stammende **Andreas Gryphius** (1616–1664), der insbesondere durch seine **Sonette** *Thränen des Vaterlandes*, *Thränen in schwerer Kranckheit* und *Es ist alles eitel* bis heute seinen Ruf als bedeutender Dichter des Barock festigen konnte. Seine Themen sind die **Vergänglichkeit allen Seins**, die **Allgegenwärtigkeit des Todes** und insbesondere auch die **Schrecken des 30-jährigen Krieges**. Neben Gryphius spielt vor allem **Martin Opitz** (1597–1639) eine herausragende Rolle, der in seinem *Buch von der deutschen Poetrey* (1624) die Gattungen, Formen und Inhalte der Dichtung normativ festlegte und so die Grundlagen der Literaturproduktion des 17. Jahrhunderts schuf. Aus Sachsen stammten **Paul Gerhardt** (1607–1676), der wie **Angelus Silesius** (1624–1677) insbesondere durch die Veröffentlichung von **Kirchenliedern** Bedeutung erlangte. Ebenfalls aus Sachsen stammte **Paul Fleming** (1609–1640), der überwiegend anmutige **Freundschafts-**, **Geselligkeits-** und **Liebeslieder** dichtete.

WICHTIGE BEGRIFFE IM ÜBERBLICK	
Grundgegensätze	Prunksucht – Massenelend; Lebenslust – Hinwendung zur Religion als Trost; Schein – Sein
Kernbegriffe	*vanitas, carpe diem, memento mori*
Dichtungsverständnis	Nicht die Originalität und Subjektivität des Dichters ist ausschlaggebend, sondern die perfekte Beherrschung vorgegebener Motive und Formen; rhetorisches Grundverständnis der Dichtung: delectare, docere, movere
wichtige Gattungsformen	Schelmenroman, Märtyrerdrama, Sonett, Epigramm
Autoren	**Andreas Gryphius** (1616–1664), **Martin Opitz** (1597–1639), **Paul Gerhardt** (1607–1676), **Hans Jakob Christoffel von Grimmelshausen** (um 1621–1676)
wichtige theoretische Schriften	*Martin Opitz, Buch von der Deutschen Poeterey* (1624)

Formen der Dichtung: Lyrik

QUICK-FINDER

Sonettdichtung

SONETTAUFBAU, REIMSCHEMA, VERSMASS Ein Sonett besteht aus 14 metrisch gegliederten Verszeilen, die in der italienischen, auf den Dichter **Francesco Petrarca** zurückgehenden Originalform in vier Strophen eingeteilt ist, nämlich in **zwei Quartette** und in **zwei Terzette**. Die Dichter des Barock orientierten sich am Vorbild **Petrarcas** (Reimschema abba / abba / cdc / dcd), populär war jedoch auch die Reimfolge **Pierre de Ronsards** (abba / abba / ccd / eed), die oft von **Martin Opitz** favorisiert wurde. Als Vers wurde meist der **Alexandriner** verwandt, ein **sechshebiger Vers mit Zäsur** in der Mitte der Verszeile.

Vergleichende Analyse zweier typischer Barock-Sonette

Martin Opitz, *Sonnet* (1624), *(Auß dem Italienischen Petrarchae)*

Ist Liebe lauter nichts / wie daß sie mich entzuendet?
Îst sie dann gleichwol was / wem ist jhr thun bewust?
Ist sie auch recht und gut / wie bringt sie boese Lust?
Ist sie nicht gut / wie daß man Freudt auß jhr empfindet?

Lieb ich gar williglich / wie daß ich Schmertzen trage?
Muß ich es Thun / was hilffts / daß ich solch trawren fuehr?
Thue ich nichts gern / wer ists / der es befihlet mir?
Thue ich es gern / warumb / daß ich mich dann beklage?

Ich wancke / wie das Gras / so von den kühlen Winden
Vmb Versperzeit bald hin geneiget wirdt / bald her.
Ich walle wie ein Schiff / daß in dem wilden Meer

Von Wellen vmbgejagt nicht kann zu rande finden.
Ich weiß nicht was ich will / ich will nicht was ich weiß /
Im Sommer ist mir kalt / im Winter ist mir heiß.

Analyse

Semantische Struktur

Martin Opitz benennt bereits in der ersten Verszeile das Grundthema seines Sonetts, es ist die „Liebe“ (V. 1), die einerseits als „boese Lust“ (V. 3), andererseits aber als „Freudt“ (V. 4) charakterisiert wird. In weiteren antithetischen Fügungen wird diese Paradoxie weiter zugespitzt, die Liebe erscheint dem lyrischen Ich zugleich als „recht und gut“ (V. 3) und als „nicht gut“ (V. 4). Die Liebe wird hierdurch zum Phänomen, zum Rätsel, sie verliert den Charakter der Selbstverständlichkeit. Dies findet in der zweiten Strophe seinen prägnantesten Ausdruck: In Form rhetorischer Fragen zeigt sich das lyrische Ich gewissermaßen erstaunt über die Gleichzeitigkeit („wie daß“) gegensätzlicher Emotionen, die Liebesbereitschaft („Lieb ich gar williglich“) geht einher mit einem Gefühl des Schmerzes (V. 5), umgekehrt kann die Liebesunlust ihrerseits nicht befriedigen (V. 7). Diese Nervösität der Empfindungen wird in der dritten Strophe metaphorisch versinnbildlicht. Das lyrische Ich benutzt zur Charakterisierung dieser nie zur Ruhe kommenden Gefühle die Verben ‚wancken‘ (V. 9) und ‚wallen‘ (V. 11). Auch in der Substantivsemantik wird dies deutlich: Das lyrische Ich wankt „wie das Gras“, das von „kühlen Winden“ (V. 9) in Bewegung gehalten („geneiget“; V. 10), bzw. „wie ein Schiff“, das im „wilden Meer“ (V. 11) von „Wellen“ (V. 12) bewegt wird. Das Gedicht gipfelt schließlich in einer es abschließenden zweizeiligen, epigrammhaften Formulierung der oben genannten Grundspannung: „Ich weiß nicht was ich will / ich will nicht was ich weiß / Im Sommer ist mir kalt / im Winter ist mir heiß“ (V. 13–14).

Syntaktische und stilistische Aspekte

Das Gedicht weist die klassische Form des Sonetts auf, es besteht aus zwei Quartetten und zwei Terzetten. Deutlich sind die Quartette von den Terzetten abgehoben: Die Quartette exponieren das Grundthema des Gedichtes in Form rhetorischer Fragen, die zeilenweise antithetisch gefügt sind. Die Terzette hingegen explizieren das Schwanken des lyrischen Ichs. So sind die beiden Terzette durch ein Enjambement verbunden (V. 11 und 12). Hierdurch wird in diesem Fall das Motiv des Schwankens besonders betont. Die rhetorischen Fragen der Quartette werden so gewissermaßen durch die beiden Terzette beantwortet, allerdings auf eine negative, d. h. die Grundproblematik nicht aufhebende und auflösende Weise. Besonderes Augenmerk verdient dabei die inhaltlich-negative Korrespondenz zwischen V. 2 („Ist sie dann gleichwol was / wem ist jhr thun bewust?") und V. 13 („Ich weiß nicht was ich will / ich will nicht was ich weiß.")

Andreas Gryphius, ***Thränen in schwerer Kranckheit***

Mir ist ich weiß nicht wie / ich seuffze für und für.
Ich weyne Tag und Nacht / ich sitz in tausend Schmertzen;
Vnd tausend fürcht ich noch / die Krafft in meinem Hertzen
Verschwindt / der Geist verschmacht / die Hände sincken mir.

Die Wangen werden bleich / der muntern Augen Zir
Vergeht / gleich als der Schein der schon verbrannten Kertzen.
Die Seele wird bestürmt gleich wie die See im Mertzen.
Was ist diß Leben doch / was sind wir / ich und ihr?

Was bilden wir uns ein. Was wündschen wir zu haben?
Itzt sind wir hoch und groß / und morgen schon vergraben:
Itzt Blumen morgen Kot / wir sind ein Wind / ein Schaum /

Ein Nebel / eine Bach / ein Reiff / ein Tau ein Schaten.
Itzt was und morgen nichts / und was sind unser Thaten?
Als ein mit herber Angst durchaus vermischter Traum.

Analyse

Semantische Struktur

Im Zentrum des Sonettes „Thränen in schwerer Kranckheit" von Andreas Gryphius steht die Frage nach dem Sinn der menschlichen Existenz („Was ist diß Leben doch / was sind wir / ich und ihr?"; V. 8) angesichts der Vergänglichkeit und Endlichkeit des Menschen. Der äußere Anlass der grundsätzlichen Reflexion dieser Frage ist die Krankheitserfahrung des lyrischen Ichs. Diese wird metaphernreich in den ersten beiden Quartetten expliziert und umfasst dabei vollständig die menschliche Existenz: Angesprochen wird der körperliche Verfall („die Hände sincken mir / Die Wangen werden bleich / der muntern Augen Zir / Vergeht“, V. 4–6), der seelische Verfall („die Krafft in meinem Hertzen / Verschwindt“; V. 3–4) und der geistige Verfall („der Geist verschmacht“; V. 4). Angesichts des jederzeit möglichen Ende des Lebens mahnt („memento mori“-Motiv) das Gedicht an die Flüchtigkeit der menschlichen Eitelkeit und Schönheit. Dieser antithetische Gegensatz wird hierbei überaus deutlich und drastisch zum Ausdruck gebracht: „Itzt Blumen morgen Kot“ (V. 11); „Itzt sind wir hoch und groß / und morgen schon vergraben“ (V. 10). Wiederum epigrammatisch wird auch in diesem Gedicht in den beiden Schlussversen eine Quintessenz formuliert, durch die der Mensch eindringlich an seine Vergänglichkeit erinnert wird: „Itzt was und morgen nichts / und was sind unser Thaten?“ (V. 13).

Syntaktische und stilistische Aspekte

Auch hier liegt die klassische Form des Sonetts vor, wie Opitz bedient sich Gryphius des Alexandriners. Das lyrische Ich variiert dabei auf vielfältige Weise die barocke Lebensauffassung, die vor allem durch die Annahme der Hinfälligkeit alles Irdischen geprägt ist. Von besonderer Bedeutung sind hierbei die Naturmetaphern der V. 11 und 12. Diese bilden in stilistischer Hinsicht eine asyndetische Reihung („Ein Nebel/eine Bach/ein Reiff/ein Tau/ ein Schaten“; V. 12), die nicht als der Ausdruck einer besonderen Naturverbundenheit, sondern als sinnfällige

Verdeutlichung der Hinfälligkeit des Menschen anzusehen ist. Besonderes Augenmerk verdienen auch hier die rhetorischen Fragen. Die erste rhetorische Frage findet sich in V. 8 („Was ist diß Leben doch / was sind wir / ich und ihr?“), sie schließt die ersten beiden Quartette ab. Zusammen mit der nächsten rhetorischen Frage in V. 9 („Was bilden wir uns ein. Was wündschen wir zu haben?“) werden in formaler Hinsicht die Quartette mit den beiden nachfolgenden Terzetten verklammert, die beiden rhetorischen Fragen stellen das Leitmotiv des Gedichtes dar. Die letzte rhetorische Frage in V. 13 („Itzt was und morgn nichts/und was sind unser Thaten?“) bildet zusammen mit der Schlusszeile („Als ein mit herber Angst durchaus vermischter Traum“) formal und inhaltlich eine Einheit. Hier wird die Grundeinsicht des lyrischen Ichs, nämlich die Hinfälligkeit alles Irdischen, abschließend in mahnender Form zum Ausdruck gebracht.

Vergleich

Gemeinsamkeiten

In beiden Gedichten steht die Vanitas-Thematik im Zentrum, also die Annahme der Hinfälligkeit, Eitelkeit und Zerrissenheit von Mensch und Welt. Dieses Grundmotiv manifestiert sich in beiden Gedichten in einer Häufung bildhafter Vergleiche, die alle einem zumindest ähnlichen Wort- und Bedeutungsfeld angehören. Bei Opitz beispielsweise findet sich die Schiffsmetapher (V. 11), während Gryphius im Rahmen einer ähnlichen Bildkonstruktion die „Seele“ mit einem „See“ vergleicht, die „bestürmt“ wird (V. 7). Auffällig ist, dass beide Autoren sich vielfältiger Naturmetaphern bedienen, Opitz spricht von „wankendem Gras“, „kühlen Winden“ (V. 9), „dem wilden Meer“ (V. 11), „umjagenden Wellen“ (V. 12), dem „kalten Sommer“ und dem „heißen Winter“ (V. 14), Gryphius in ähnlicher Hinsicht von der „See“ (V. 7), von „Blumen“, dem „Wind“, dem „Schaum“ (V. 11), dem „Nebel“ (V. 12), dem „Bach“, dem „Reiff“ (V. 12) und dem „Tau“ (V. 12). Die Grundaussage, auf der beide Gedichte beruhen, wird jeweils in antithetischer Form wiedergegeben, auch hier zeigen sich große stilistische und rhetorische Gemeinsamkeiten, fast schon Übereinstimmungen. Letztlich bedeutungsgleich sind die Verse „Itzt was und morgen nichts“ (V. 13) bei Gryphius und die Verse „Ich weiß nicht was ich will/ich will nicht was ich weiß“ (V. 13) bei Opitz.

Unterschiede

Die Unterschiede, die zwischen beiden Gedichten bestehen, liegen in formaler Hinsicht im Detail. So ist festzustellen, dass der Einsatz der rhetorischen Fragen eine unterschiedliche poetische Funktion erfüllt. Während bei Opitz die beiden Quartette jeweils vollständig aus rhetorischen Fragen bestehen und dies zu einem formalen Bruch zwischen den Quartetten und Terzetten führt, verklammern bei Gryphius die rhetorischen Fragen der Verse 8 und 9 diese beiden Versgruppen.

Fazit

Besondere Bedeutung haben in beiden Gedichten die Schlussverse (V. 13/14), die in epigrammhafter Form eine Quintessenz formulieren. In inhaltlicher Hinsicht variieren beide Texte, Opitz zeigt die Vanitas-Themtik anhand der Liebesmetaphorik auf, Gryphius bedient sich der Krankheitsmetaphorik. Gemeinsam ist beiden Gedichten eine mahnende Grundintention, der Mensch muss sich bewähren und behaupten angesichts der Wechselhaftigkeit und Hinfälligkeit allen irdischen Seins.

Epigramm und Politische Satire

EPIGRAMME Neben dem Sonett spielt vor allem das Epigramm im Barock eine herausragende Rolle, zu dessen charakteristischen Eigenschaften die **Kürze** und die **Scharfsinnigkeit** gehören. Zahlenmäßig überwiegen dabei Epigramme, die **weltliche Sitten- und Verhaltenslehren** zum Inhalt haben, aber auch **satirische Themen** werden behandelt.

POLITISCHE SATIRE Die barocke Epigrammdichtung behandelt zum Teil ebenfalls in satirischer Form politische Themen. Insbesondere **Friedrich Freiherr von Logau** (1604–1655) widmet sich in seinem 1654 erschienenem Hauptwerk *Salomons von Golaw Deutscher Sinn – Getichte Drey Tausend* – eine Sammlung von genau 3560 Epigrammen – der **Herrschaftskritik**. Vor dem Hintergrund einer idealisierten Vergangenheit übt er eine fast schon zeitlose Kritik an der politischen Kultur.

Friedrich von Logau, ***Heutige Weltkunst***

Anders seyn / vnd anders scheinen:
Anders reden / anders meinen:
Alles loben / alles tragen /
Allen heucheln / stets behagen /
Allem Winde Segel geben:
Bös vnd Guten dienstbar leben:
Alles Thun vnd alles Tichten
Bloß auff eignen Nutzen richten;
Wer sich dessen will befleissen
Kan Politisch heuer heissen.

Formen der Dichtung: Epik und Dramatik

QUICK-FINDER

Roman und Drama des Barock

Roman und Drama des Barock

GESELLSCHAFTSSATIRE IM SCHELMENROMAN Heute noch lesenswert ist der Roman *Der Abentheuerliche Simplicius Simplicissimus* von **Hans Jakob Christoffel von Grimmelshausen** (um 1621–1676). Der Roman erzählt in der Form einer satirischen Autobiografie die turbulente Lebensgeschichte des jungen Simplicissimus, der Soldat wird und sich durch verwegene Raubzüge einen Namen macht, die Abgründe der adeligen Gesellschaft kennen lernt, zum Spießgesellen eines Räubers wird, in die Unterwelt zu den Elementargeistern abtaucht und schließlich wieder im Schwarzwald, dem Ausgangsort seiner Reise, ankommt, um sein Leben als Einsiedler fortzuführen. Simplicissimus hat auch gegen eine weibliche Widersacherin zu bestehen, die Landstörzerin Courage, der Grimmelshausen später einen eigenen Roman widmete und die das literarische Vorbild für **Brechts** *Mutter Courage* wird.

FORMEN DES BAROCKEN ROMANS	
Heroisch-galanter Roman	Fortführung des aus Spanien und Frankreich stammenden **Ritterromans**. Auf tausenden von Seiten wurden die (Liebes-) Geschichten fürstlicher Persönlichkeiten und Familien geschildert, die kunstvoll ineinander verschachtelt wurden.
Schäferroman	Fortführung der antiken bukolischen Idyllendichtung.
Schelmenroman	Im Mittelpunkt des ursprünglich aus Spanien stammenden Schelmenromans steht der so genannte **Picaro**, ein Außenseiter, der aus der Perspektive eines Angehörigen eines unteren Standes ein satirisch-unterhaltsam-kritisches Licht auf die gesamte Gesellschaft und insbesondere auf deren Herrschaftsstrukturen wirft.

FORMEN DES BAROCKEN ROMANS Während in den barocken Lustspielen **der Gegensatz von nichtigem Schein und echtem Sein in grotesker Übertreibung** gezeigt wird, sind die barocken **Tragödien** durch den **Gegensatz**

zwischen Himmel und Hölle bestimmt. Sie vermitteln die Erkenntnis, „wie nah Höh und Fall beysammen" stehen. Die **Helden** zeichnet dabei unbedingte **Gewissenstreue** aus und die Bereitschaft, den **Märtyrertod** zu sterben. Das **Märtyrerdrama** *Catharina von Georgien* von **Andreas Gryphius** zeigt das Schicksal der Königin Catharina, die den Märtyrertod stirbt, weil sie sich weigert, zum Islam überzutreten, um so das Schicksal ihres Volkes zu retten. Die Tragödie beginnt mit der folgenden Regieanweisung:

„Der Schauplatz liegt voll Leichen, Bilder, Kronen, Szepter, Schwerter. Über dem Schauplatz öffnet sich der Himmel, unter dem Schauplatz die Hölle."

JESUITENDRAMA Der **politisch-religiösen Propaganda** diente das Jesuitendrama, das vorrangig an Schulen in lateinischer Sprache und auf eigenen Bühnen in großen Städten wie Köln, München und Wien prunkvoll aufgeführt wurde. Die Bühne arbeitete mit den Mitteln der Oper, mit Ballett und Massenszenen, Musik, Wort und Tanz.

FORMEN DES BAROCKEN DRAMAS	
Tragödie	**Andreas Gryphius**, *Catharina von Georgien*
Lustspiel	**Andreas Gryphius**, *Horribilicribrifax oder Wählende Liebhaber; Absurda Comica; Herr Peter Squentz*

3 Aufklärung

Grundlagen

QUICK-FINDER

Erziehung zur Mündigkeit

SAPERE AUDE! „Sapere aude! Habe Mut, dich deines eigenen Verstandes zu bedienen!“ – so lautet der von **Immanuel Kant** formulierte Wahlspruch der Aufklärung. Durch diese Geisteshaltung unterscheidet sich nach Kant der aufgeklärte vom unmündigen Menschen, der aus Bequemlichkeit, Faulheit und Feigheit das Denken anderen überlässt:

„Habe ich ein Buch, das für mich Verstand hat, einen Seelsorger, der für mich Gewissen hat, einen Arzt, der für mich die Diät beurteilt, u.s.w.: so brauche ich mich ja nicht selbst zu bemühen.“ **(Immanuel Kant,** ***Was ist Aufklärung*****)**

SICH AM UND IM DENKEN ORIENTIEREN Anstatt blind vorgegebenen Autoritäten zu folgen, zielt die Aufklärung auf die geistige und politische Emanzipation des Menschen. Sie bekämpft die unkritische Geisteshaltung und fordert, wie Kant es nennt, eine „Revolution der Denkungsart“, wonach der Verstand und die Vernunft zum Maßstab der Interpretation und Organisation der Welt zu erheben sind.

Immanuel Kant, Beantwortung der Frage: Was ist Aufklärung?

Aufklärung ist der Ausgang des Menschen aus seiner selbstverschuldeten Unmündigkeit. Unmündigkeit ist das Unvermögen, sich seines Verstandes ohne Leitung eines anderen zu bedienen. *Selbstverschuldet* ist diese Unmündigkeit, wenn die Ursache derselben nicht am Mangel des Verstandes, sondern der Entschließung und des Mutes liegt, sich seiner ohne Leitung eines anderen zu bedienen. Sapere aude! habe Mut, dich deines *eigenen* Verstandes zu bedienen! ist also der Wahlspruch der Aufklärung. Faulheit und Feigheit sind die Ursachen, warum ein so großer Teil der Menschen, nachdem sie die Natur längst von fremder Leitung freigesprochen [...], dennoch gerne zeitlebens unmündig bleiben; und warum es anderen so leicht wird, sich zu deren Vormündern aufzuwerfen. Es ist so bequem, unmündig zu sein. Habe ich ein Buch, das für mich Verstand hat, einen Seelsorger, der für mich Gewissen hat, einen Arzt, der für mich die Diät beurteilt u.s.w., so brauche ich mich ja nicht selbst zu bemühen. [...] Es ist also für jeden einzelnen Menschen schwer, sich aus der ihm beinahe zur Natur gewordenen Unmündigkeit herauszuarbeiten. Er hat sie sogar liebgewonnen und ist vorderhand wirklich unfähig, sich seines eigenen Verstandes zu bedienen, weil man ihn niemals den Versuch davon machen ließ. [...] Daß aber ein Publikum sich selbst aufkläre, ist [...] möglich; ja es ist, wenn man ihm nur Freiheit läßt, beinahe unausbleiblich. Denn da werden sich immer einige Selbstdenkende [...] finden, welche, nachdem sie das Joch der Unmündigkeit selbst abgeworfen haben, den Geist einer vernünftigen Schätzung des eigenen Werts und des Berufs jedes Menschen, selbst zu denken, um sich verbreiten werden. [...]

Analyse

Befreiung aus selbstverschuldeter Unmündigkeit

Kants Aufsatz beginnt mit einer Begriffserläuterung desjenigen Begriffes, der einer ganzen Epoche den Namen gegeben hat. Seine Erläuterung des Begriffes der Aufklärung, die sich über den gesamten ersten Absatz des Textes erstreckt, endet mit der Formulierung des „Wahlspruchs der Aufklärung": „Sapere aude! Habe Mut, dich deines eigenen Verstandes zu bedienen". Die Formulierung dieses Wahlspruchs trägt hierbei deutlich appellative Züge, Kant fordert den Menschen auf, sich aus dem Zustand „seiner selbstverschuldeten Unmündigkeit" zu befreien.

Faulheit und Bequemlichkeit als Ursachen selbstverschulderter Unmündigkeit

„Selbstverschuldet" ist nach Kant die Unmündigkeit des Menschen, wenn er nicht in der Lage ist, „sich seines Verstandes ohne Leitung eines anderen zu bedienen" und dieses Unvermögen letztlich auf seine Bequemlichkeit bzw. auf seine „Faulheit und Feigheit" zurückzuführen ist. Im Zentrum der Kritik Kants steht die Haltung des Menschen, dem die Unmündigkeit „beinahe zur Natur" geworden ist, der diesen Zustand sogar „liebgewonnen" und ihn soweit verinnerlicht hat, dass er das eigene Denken verleugnet. Diese passive Haltung kann sich dabei zu einer „beinahe zur Natur gewordenen Unmündigkeit" auswachsen, die dazu führt, dass der Mensch verführbar und manipulierbar wird, dass es also – wie Kant es ausdrückt – „anderen [...] leicht wird, sich zu [...] Vormündern aufzuwerfen".

Unmündigkeit als gesellschaftliches Phänomen

Das festgestellte und kritisierte Phänomen der selbstverschuldeten Unmündigkeit ist nach Kant kein vereinzeltes Phänomen, sondern ein gesamtgesellschaftliches, da ein „großer Teil der Menschen“ im Zustand der selbstverschuldeten Unmündigkeit lebt und sogar „gerne zeitlebens unmündig“ bleiben würde.

Befreiung von Vormundschaft

Inwiefern jedoch wird Mut erfordert, sich von dieser lethargischen Haltung zu befreien, warum erfordert es Mut, die eigene Bequemlichkeit zu überwinden? Kant gibt hierauf die folgende Antwort: Da ein geistiges Klima der Unaufgeklärtheit und Unmündigkeit dazu führt, dass die Fähigkeit zum Selbstdenken verkümmert und sich faktisch zu der Unfähigkeit auswächst, von seinem Verstand tatsächlich Gebrauch zu machen, führt dies unweigerlich zur Gängelung des Menschen durch „Vormünder“. Dies bedeutet aber, dass die Selbstbehauptung des eigenen Verstandes notwendig einhergehen muss mit einer Befreiung von diesen „Vormündern“ – eben dies aber erfordert Mut, weil eine kritische, selbstbewusste und in diesem Sinne aufgeklärte Geisteshaltung auch die Fähigkeit zum Widerspruch und zur selbstbewussten Behauptung des eigenen Standpunktes gegenüber anderen beinhaltet. Dennoch ist die Position Kants keine pessimistische, im Gegenteil: Unter der Voraussetzung einer allgemeinen politischen Freiheit ist der Prozess der gesellschaftlichen Aufklärung nach Kant „beinahe unausbleiblich“, wobei Kant das Vorbild derjenigen „Selbstdenkende(n)“, die, „nachdem sie das Joch der Unmündigkeit selbst abgeworfen haben, den Geist [...] selbst zu denken, um sich verbreiten werden“ als äußerst hilfreich ansieht.

Didaktische Funktion der Literatur

SPRACHVERSTÄNDNIS Während im Barock der Sprache die Funktion zufiel, in fast schon unendlichen Variationen mit Hilfe vorgegebener rhetorischer Muster die gottgegebenen Grundgegensätzlichkeiten der barocken Welt aufzuzeigen, sieht der Philosoph **Leibniz** die Sprache als „Spiegel des Verstandes" an. Als Spiegel des Verstandes animiert die Literatur der Aufklärung ihre Leser zur aktiven und eigenverantwortlichen Interpretation der Welt, statt diese einfach nur wie im Barock nach vorgegebenen Mustern zu illustrieren.

STREBEN NACH WAHRHEIT Das geistig-kritische Selbstverständnis der Aufklärung findet seinen unmittelbaren Ausdruck bei **Gotthold Ephraim Lessing** (1729–1781), dessen Werke dadurch gekennzeichnet sind, dass neben der Forderung nach einem vernunftgemäßen Denken die Forderung nach einem aktiven Handeln und fortgesetztem Streben nach Erkenntnis tritt:

„Nicht die Wahrheit, in deren Besitz irgendein Mensch ist oder zu sein vermeinet, sondern die aufrichtige Mühe, die er angewandt hat, hinter die Wahrheit zu kommen, macht den Wert des Menschen. Denn nicht durch den Besitz, sondern durch die Nachforschung der Wahrheit erweitern sich seine Kräfte, worin allein seine immer wachsende Vollkommenheit besteht. Der Besitz macht ruhig, träge, stolz."
(**Lessing**, *Eine Duplik*)

DER ERZIEHUNGSGEDANKE Lessings letztes Werk trägt nicht von ungefähr die Überschrift *Die Erziehung des Menschengeschlechts* (1780), eine Schrift, in der Lessing den

Grundgedanken vertritt, dass nur durch eine **fortschreitende geistige Entwicklung** und durch das **Streben nach humaner Vollendung** dem Menschen die volle Würde verliehen werden kann.

WICHTIGE BEGRIFFE IM ÜBERBLICK

Kerngedanken	„Sapere aude! Habe Mut, dich deines eigenen Verstandes zu bedienen!" **(Kant)**
Kernbegriffe	Sich am und im Denken orientieren, Forderung nach aktivem Handeln und fortgesetztem Streben nach Erkenntnis, Ideal der Humanität, Idee der Toleranz und Vernunftreligion.
wichtige Gattungsformen	Drama und Fabel, Orientierung am französischen Drama (**Gottsched**) und am englischen Drama (**Lessing**).
Autoren	**Johann Christoph Gottsched** (1700–1766), **Gotthold Ephraim Lessing** (1729–1781), **Christian Fürchtegott Gellert** (1715–1769)
wichtige Werke	**Lessing**, *Emilia Galotti* (Bürgerliches Trauerspiel), *Minna von Barnhelm* (Lustspiel), *Nathan der Weise* (Dramatisches Gedicht); **Gellert**, *Fabeln*
wichtige theoretische Schriften	**Gottsched**, *Versuch einer kritischen Dichtkunst vor die Deutschen* (1730); **Lessing**, *Briefe, die neueste Literatur betreffend* (1759–1765), *Hamburgische Dramaturgie* (1769), *Die Erziehung des Menschengeschlechts* (1777); **Kant**, *Was ist Aufklärung?* (1784)

Gesellschaftskritik mit lehrhafter Tendenz

DRAMA UND FABEL ALS INSTRUMENTE DER AUFKLÄRUNG Die **Erziehungsabsicht** der Aufklärung findet ihren unmittelbaren Niederschlag in den von den Autoren dieser Epoche bevorzugten Gattungen. Nicht zufällig kommen daher neben dem Drama gerade Gattungen wie der **Parabel** und der **Fabel** ein besonderer Stellenwert zu. Diese Gattungen sind auf hervorragende Weise geeignet, **auf unterhaltsame Weise** zu **belehren** und zu **erziehen**.

AUFBAU DER FABEL Die Textgattung der Fabel ist eine **Untergattung der didaktischen Literatur**, die mit einer **lehrhaften Tendenz** einhergeht. Eine Fabel besteht in ihrer klassischen Form aus zwei Elementen, nämlich einer kleinen Erzählung, zumeist eine **Tiergeschichte**, und einem sich daran anschließenden Kommentar, der die eigentliche **Moral** zum Ausdruck bringt. Im Verlauf der Gattungsgeschichte haben sich bestimmte feststehende Zuordnungen eingebürgert (Lamm = Einfältigkeit; Fuchs = List und Schläue; Rabe = Eitelkeit und Dummheit; Maus = Schnelligkeit und Gewitztheit; Schlange = Hinterhältigkeit; Löwe = Macht; Esel = Dummheit).

G.E. Lessing, ***Der Löwe mit dem Esel***

Als des Äsopus Löwe mit dem Esel, der ihm durch seine fürchterliche Stimme die Tiere sollte jagen helfen, nach dem Walde ging, rief ihm eine naseweise Krähe von dem Baume zu: „Ein schöner Gesellschafter! Schämst du dich nicht, mit einem Esel zu gehen?" – „Wen ich brauchen kann", versetzte der Löwe, „dem kann ich ja wohl meine Seite gönnen."

So denken die Großen alle, wenn sie einen Niedrigen ihrer Gemeinschaft würdigen.

Theorie und Praxis des bürgerlichen Trauerspiels

SHAKESPEARE ODER CORNEILLE ALS VORBILD? **Lessing**, der gemeinsam mit seinen Freunden **Nicolai** und **Mendelssohn** die *Briefe, die neueste Literatur betreffend* (1759) herausgab, wendet sich im berühmten *17. Literaturbrief* gegen **Gottsched**, der in seinen Augen ein „französisierendes" Theater geschaffen habe, „ohne zu untersuchen, ob dieses französisierende Theater der deutschen Denkungsart angemessen sei oder nicht". Seine Kritik wendet sich gegen die Orientierung Gottscheds am klassischen französischen Drama, das Gottsched als Vorbild betrachtete und in Deutschland etablieren wollte. Stattdessen empfiehlt Lessing die Orientierung am Drama Shakespeares:

„Auch nach den Mustern der Alten die Sache zu entscheiden, ist Shakespeare ein weit größerer tragischer Dichter als Corneille; obgleich dieser die Alten sehr wohl, und jener fast gar nicht gekannt hat."
(Lessing, ***17. Literaturbrief*****)**

DIE VERTEIDIGUNG SHAKESPEARES IN DER HAMBURGISCHEN DRAMATURGIE Die Verteidigung **Shakespeares** setzte Lessing in seiner *Hamburgischen Dramaturgie* (1767–1769) fort. Das strenge Regelgefüge des französischen Dramas (**Einheit von Ort, Zeit und Handlung, Gebrauch des Alexandriners**) hält er für überholt, ja sogar für eine Fehlinterpretation der aristotelischen Poetik. Nach Lessings Auffassung verlangte Aristoteles nicht, dass die Handlung eines Stückes an ein und demselben Ort innerhalb von 24 Stunden abrolle; vielmehr betont er, dass das Eigentliche des Dramas darin bestehe, dass die **Einheit der Handlung als Ausdruck**

der Einheit der dargestellten Charaktere aufzufassen sei. Diesen Grundgedanken sieht Lessing jedoch weniger im französischen als vielmehr im Drama Shakespeares verwirklicht, das Lessing zufolge den Zuschauer stärker in das dargestellte Geschehen einbezieht und so die Chance bietet, am Kernkonflikt des Helden Anteil zu nehmen, um von diesem lernen zu können.

GOTTSCHED		LESSING
Orientierung am französischen Drama (Corneille)	⟷	Orientierung am englischen Drama (Shakespeare)
Betonung der belehrenden Funktion des Dramas: prodesse et delectare (nützen und erfreuen)	⟷	Das Streben nach Wahrheit erhält Vorrang vor der Behauptung, die Wahrheit verkünden zu können, die Möglichkeit zur Identifikation mit dem Helden muss gegeben sein.
Strenges Regelgefüge, starres Festhalten an der Einheit von Ort, Zeit und Handlung	⟷	Einheit der Handlung als Ausdruck der Einheit der dargestellten Charaktere

Lessings Begriff des bürgerlichen Trauerspiels

DIE STÄNDEKLAUSEL Während Gottsched noch an der aus der Barockzeit stammenden Ständeklausel und an der Lehre von der Einheit von Handlung, Ort und Zeit festhält, reformiert Lessing das Theater, indem er die Ständeklausel aufhebt und die Lehre der Einheit von Handlung, Ort und Zeit in idealistischer Form überschreitet.

DIE STÄNDEKLAUSEL		
Gattung	**Sprache**	**Handlung**
Tragödie	gehobene Sprache, strenger Vers	hohe Themen (Staatsaktionen unter Königen und Fürsten)
Komödie	Prosa	Bürger und Volk

DIE LEHRE DER DREI EINHEITEN		
Handlung	**Ort**	**Zeit**
nur ein Handlungsstrang	an einem Schauplatz	in nur einem Tag

Auch in seinen Stücken *Miss Sara Sampson* und *Emilia Galotti* verstößt Lessing bewusst gegen die althergebrachte Ständeklausel. Beide Stücke, Lessing bezeichnet sie als **bürgerliches Trauerspiel**, stellen in **Prosa** geschriebene Tragödien dar, in denen Angehörige verschiedener Stände in den tragischen Handlungsablauf verwickelt sind.

MISS SARA SAMPSON (1755)	EMILIA GALOTTI (1772)
Erstes deutschsprachiges bürgerliches Trauerspiel	Ausarbeitung des Konfliktes zwischen Bürgertum und Adelswillkür
Am Vorbild des Adels orientierte Formen des sozialen Miteinanders werden durch bürgerliche Ideale ersetzt	Darstellung des Widerspruchs zwischen dem willkürlichen Herrschaftsstil des Adels und der neuen aufgeklärten Moral des Bürgertums
Bürgerliche Wertvorstellungen (Familie, Tugend, Gefühl, Moral) treten in den Vordergrund	Feudale Vorstellungen von Liebe und Ehe werden durch den Liebesdiskurs der bürgerlichen Empfindsamkeit in Frage gestellt
Lessing zeigt in diesen beiden Stücken die Konflikte, die aus dem Zusammenprall des adeligen und bürgerlichen Selbstverständnisses entstehen.	

DIE WEITERE ENTWICKLUNG DES BÜRGERLICHEN TRAUERSPIELS Im Zuge der Emanzipationsbewegung des Bürgertums war die noch durch Gottsched verfochtene Ständeklausel fragwürdig geworden. Während Gottsched noch in seiner 1730 erschienenen Schrift *Versuch einer kritischen Dichtkunst vor die Deutschen* die Auffassung vertrat, dass die Darstellung eines tragischen Konfliktes allein Figuren aus dem Adel vorbehalten sei, was dazu führte, dass auf dem Theater die Angehörigen des bürgerlichen

Standes in der Komödie der Lächerlichkeit preisgegeben wurden, artikulierte sich in Lessings Stücken nun das Emanzipationsstreben des Bürgertums, das sich damit eine Identifikationsplattform schuf.

DIE ENTWICKLUNG DES BÜRGERLICHEN TRAUERSPIELS

... war in der Folgezeit dadurch geprägt, dass das Bürgertum zunehmend seinen eigenen Moralbegriff problematisiert.

1772	**Lessing**, *Emilia Galotti*	Darstellung der Konflikte zwischen Adel und Bürgertum im Rahmen der moralischen Selbstvergewisserung des Bürgertums
1783	**Schiller**, *Kabale und Liebe*	
1844	**Hebbel**, *Maria Magdalena*	Offenlegung der Verlogenheit einer kleinbürgerlich-pedantischen Moral, die sich gegen Mitglieder der eigenen Gruppe richtet
1879	**Ibsen**, *Nora oder ein Puppenheim*	

Lessings Philosophie des Theaters

QUICK-FINDER

Das Theater als Schule der Welt

Lessings Verständnis der Katharsis

Das Theater als Schule der Welt

DAS BÜHNENGESCHEHEN UND DIE ROLLE DES ZUSCHAUERS

Während **Gottsched** zufolge das Trauerspiel die Aufgabe hat, in gleichnishafter (allegorischer) Form eine starre Hauptlehre zu vermitteln, geht es **Lessing** darum, der das Theater als „Schule der Welt" begreift, den Theaterbesucher über sich selbst aufzuklären, also zur Selbstreflexion und Selbsterkenntnis zu führen. Bei allen Handlungen, die der Zuschauer auf der Bühne sieht, so Lessing, kommt es darauf an, dass er sich „bei jedem Schritte, den er [der Dichter] seine Personen tun läßt", die Frage stellt, ob er diese Handlungen „in dem nämlichen Grade der Leidenschaft, bei der natürlichsten Lage der Dinge, selbst getan haben" würde. Der Blick wendet sich damit im Grunde genommen ab von den Figuren auf der Bühne und hin zum Verhalten des Zuschauers: „auf dem Theater sollen wir nicht lernen, was dieser oder jener einzelne Mensch getan hat, sondern was ein jeder Mensch von einem gewissen Charakter unter gegebenen Umständen tun werde".

GOTTSCHED	LESSING
Konfrontation des Zuschauers mit einem moralischen Lehrsatz	Anregung zur Selbstreflexion
„Die ganze Fabel hat nur eine Hauptabsicht; nämlich einen moralischen Satz: also muß sie auch nur eine Haupthandlung haben, um derentwegen alles übrige vorgeht."	„Doch Moral oder keine Moral; dem dramatischen Dichter ist es gleichviel, ob sich aus seiner Fabel eine allgemeine Wahrheit folgern läßt"

AUFHEBUNG DER TRADITIONELLEN GATTUNGSGRENZEN ZWISCHEN KOMÖDIE UND TRAGÖDIE Die traditionelle Unterscheidung zwischen der Komödie und der Tragödie ist für Lessing nicht zwingend, da komische und tragische Momente ineinanderwirken und gemeinsam zur Selbsterkenntnis beitragen können, aus diesem Grund formuliert Lessing: „Das Possenspiel will nur zum Lachen bewegen; das weinerliche Lustspiel will nur rühren; die wahre Komödie will beides."

AUFHEBUNG DER GATTUNGSGRENZEN IN LESSINGS DRAMTISCHEM GEDICHT NATHAN DER WEISE Aus diesem Grund hebt Lessing auch in seinem Stück *Nathan der Weise*, er selbst nennt es ein „dramatisches Gedicht", die Gattungsgrenzen auf. *Nathan der Weise* beruht auf einem Zusammentreffen komischer und tragischer Elemente, bei dem der gute Ausgang des Stücks dem Untergang des Helden in der klassischen Tragödie widerspricht, andererseits aber das ernste Gewicht der Handlung sich nicht als Komödie lesen lässt.

TYPISIERTE VERHALTENSMUSTER Lessings Theater führt vor Augen, dass wir für unsere Handlungen verantwortlich sind – und zwar auch, wenn wir die Wirkungen unseres Handelns nicht absehen können. Die hieraus sich ergebende Möglichkeit tragischer Fehler zeigt er auf dem Theater in typisierter Form und in typisierten Situationen, damit der Mensch und die Menschheit hieraus ihre individuellen und kollektiven Lehren ziehen kann.

MENSCH UND MENSCHHEIT Das Erschrecken vor der Möglichkeit schwere Fehler begehen zu können und ein unter Umständen tragisch endendes Ereignis verantworten zu müssen, betrifft Lessing zufolge nicht nur den einzelnen Zuschauer, sondern die Menschheit insgesamt. Es führt den Zuschauer so auf ein Menschheitsproblem, nämlich auf die Frage, wie die Menschheit als Ganzes zu einem verantwortungsvolleren Handeln gelangen könne. Wenn Lessing daher die Tragödie als „ein Gedicht" bestimmt, „welches Mitleid erreget", versteht er hierunter nicht nur die individuelle Zuschauerreaktion, sondern auch die Frage nach den Möglichkeiten, Bedingungen und Grenzen vernünftigen menschlichen Handelns.

TYPISIERTE HANDLUNGSORTE Lessing zeigt aus diesem Grunde auf der Bühne ein absichtsvoll konstruiertes Modell der Wirklichkeit, eine Auswahl typischer Entscheidungs- und Konfliktsituationen. Die Schauplätze seiner Handlungen haben keine primär historische, sondern eine ideelle Bedeutung. So spielt zwar Lessings Stück *Nathan der Weise* in Jerusalem zur Zeit der Kreuzzüge, das Thema ist aber ein universelles, insofern die Frage nach dem Verhältnis von Wahn und Wahrheit im Zentrum dieses Stückes steht und der Ort der Handlung, die Stadt Jerusalem, zugleich ein idealer Schauplatz der Begegnung verschiedener Religionen, Kulturen und Überzeugungen ist. Lessing lässt deshalb den Titelhelden den folgenden in dieser Hinsicht sehr bedeutsamen Satz sagen: „Möchte auch doch / Die ganze Welt uns hören" (V. 1894 f.).

Lessings Verständnis der Katharsis

EMPFINDEN VON MITLEID Die dramatische Kunst ist für Lessing das Mittel zum Zweck der allgemeinen Humanisierung des Menschen. Das Theater muss daher, so Lessing, alle zentralen kognitiven und affektiven Eigenschaften und Fähigkeiten bilden: den Verstand und das Gefühl, die Fähigkeit des Menschen zur Selbst- und Fremderkenntnis, aber auch die Ausbildung seiner Fähigkeit, Mitleid empfinden zu können.

DIE BILDUNG DES GANZEN MENSCHEN

Gefühl	*und*	Verstand
Mitleid	*und*	Verstehen
subjektives Betroffensein	*und*	objektives Erkennen und Selbsterkennen

DIE BILDUNG DES GANZEN MENSCHEN Lessing lehnt den einengenden Rationalismus Gottscheds ab. Er appelliert nicht nur einseitig an den Verstand des Zuschauers, sondern zugleich auch an dessen Gefühl. Er sieht die Aufgabe der Tragödie also nicht wie Gottsched allein in der rationalen moralischen Belehrung des Verstandes, sondern es geht ihm zugleich auch um die Weckung und Erweiterung der emotionalen Empfindungsfähigkeit des Zuschauers. So schreibt Lessing in einem Brief an seinen Freund Friedrich Nicolai aus dem Jahre 1756:

„[...] die Bestimmung der Tragödie ist diese: sie soll unsere Fähigkeit, Mitleid zu fühlen, erweitern. [...] Der mitleidigste Mensch ist der beste Mensch, zu allen gesellschaftlichen Tugenden, zu allen Arten der Großmut der aufgelegteste".

DURCH NACHERLEBEN UND NACHDENKEN DEN MENSCHEN BESSERN Das „Trauerspiel", so Lessing, soll „durch Erzeugung der Leidenschaften bessern". Die auf dem Theater gezeigten Tugenden und Laster, Grausamkeiten und Lächerlichkeiten werden also nicht um ihrer selbst willen auf die Bühne gebracht, sondern stehen im Dienste des Erkenntnisprozesses des Zuschauers, der so in die Lage versetzt wird, das theatralische Geschehen einerseits emotional mitzuerleben, es aber andererseits auch mit dem Verstand zu verarbeiten.

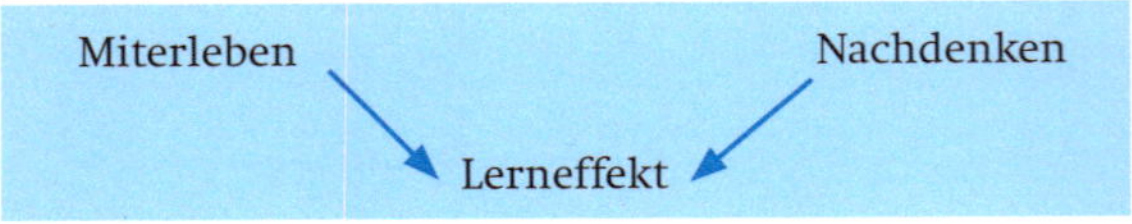

ELEOS UND PHOBOS Damit die Zuschauer im Theater etwas lernen können, müssen Lessing zufolge zwei Bedingungen erfüllt sein: Sie müssen sich mit dem Geschehen auf der Bühne identifizieren können, indem sie nicht nur mit den Figuren auf dem Theater mitleiden und **Mitleid** (eleos) empfinden, sondern zugleich müssen sie sich auch von dem Bühnengeschehen distanzieren können, indem sie erschrecken und **Furcht** (phobos) empfinden.

ELEOS UND PHOBOS ALS VORAUSSETZUNG FÜR DIE KATHARSIS

‚Eleos' und ‚phobos' sind die psychischen Dispositionen (Voraussetzungen) der ‚katharsis'. ‚Eleos' ermöglicht eine Identifikation (mit der Handlung bzw. den Figuren) und dadurch eine Interessiertheit am Geschehen. Was den Zuschauer nicht interessiert, ist für ihn belanglos. ‚Phobos' hingegen ist eine produktive Verstörtheit, eine kritische Irritation, die eine innere Beteiligung, eine Auseinandersetzung, ein Nachdenken auslöst.

KATHARSIS Das Zusammenspiel von eleos und phobos bewirkt die „katharsis“, die moralische „Reinigung“ des Zuschauers: Wer **eleos** (Jammer, Mitleid) empfindet, der empfindet Verdruss über ein (großes) Übel, das jemanden trifft, der es nicht verdient hat. Er nimmt an, dass ein solches Übel auch ihn selbst treffen könnte. **Phobos** (Schaudern, Furcht) meint ursprünglich ein durch Erschrecken bewirktes physisches Tun, z. B. Flucht oder Erstarrung (Schock). Bezogen auf das innere Empfinden ist „phobos“ eine Form der Verwirrung, eine Irritation.

KATHARSIS

Die **Katharsis** ist ein **Lerneffekt** und zugleich eine kritische **Distanznahme.**

LERNEN

Das **Lernen** geschieht dann, wenn der Zuschauer anhand des Sinnzusammenhanges **des Mythos** (Zusammensetzung der Geschehnisse bzw. Angelegenheiten) sieht, wie sich etwas gefügt hat, wie jemandem ein **Fehler** unterlaufen ist. Man lernt, was alles passieren kann und was man hätte besser machen können.

Formen der Dichtung: Lessings Dramen

Emilia Galotti

STOFFGESCHICHTE *Emilia Galotti* geht auf eine Fabel des römischen Geschichtsschreibers **Livius** zurück, die Lessing in die Gegenwart verlegt. Im Zentrum steht das Schicksal einer Tochter, die „von ihrem Vater umgebracht wird, dem ihre Tugend werter ist als ihr Leben".

INHALTSZUSAMMENFASSUNG Der regierende Fürst von Guastalla entführt die Tochter des greisen Odoardo Galotti, Emilia, die mit dem Grafen Appiani verlobt ist, am Tage ihrer Hochzeit auf sein Lustschloss, nachdem

Appiani durch seine Häscher ermordet wurde. Odoardo erfährt durch die frühere Geliebte des Fürsten, Gräfin Orsina, die zugunsten Emilias ihren Platz räumen musste, von dieser Hinterlist und Rohheit. Emilia erbittet vom Vater den Tod und stirbt in seinen Armen.

DEUTUNGSHORIZONT In diesem Trauerspiel bringt Lessing die Empörung des aufgeklärten Bürgertums gegen die Willkür des Absolutismus zum Ausdruck, indem er die Verbrechen der Höflinge und die Ungerechtigkeit der gesellschaftlichen Zustände anprangert. Ganz im Sinne der Hamburgischen Dramaturgie verzichtet Lessing auf die Einheit des Ortes, um zugunsten der Verbindung von innerer und äußerer Handlung und durch eine lebendige Dialogtechnik den Zuschauer zu einer eigenen Urteilsbildung über das im Zentrum dieses Trauerspiels stehende Motiv der Tugend zu animieren.

Miss Sara Sampson

LITERATURHISTORISCHE BEDEUTUNG Lessings *Miss Sara Sampson* gilt als erstes bürgerliches Trauerspiel Deutschlands, in dem sich das Selbstbewusstsein des Bürgertums nachhaltig artikuliert, insofern bürgerliche Ideale an die Stelle einer am Vorbild des Adels orientierte Form des sozialen Miteinanders gesetzt werden.

INHALTSZUSAMMENFASSUNG Das im Jahre 1755 erschienene und uraufgeführte Stück spielt in England. Im Mittelpunkt des Trauerspiels steht der innere Konflikt der tugendhaften Sara Sampson, die mit ihrem Geliebten, dem an das höfisch-intrigante Leben gewöhnten

Libertin Mellefont, von England nach Frankreich reist. Die beiden planen dort zu heiraten. Während jedoch Sara Sampson auf die Heirat drängt, zweifelt Mellefont innerlich. Er verzögert die Ausreise nach England unter einem Vorwand. Sie halten in einem Gasthof, dem Ort der Handlung.
Dem flüchtenden Paar sind der Vater der Braut, Sir William Sampson, aber auch die ehemalige Geliebte Mellefonts, Marwood, auf der Spur, die ihren ehemaligen Geliebten, aus einem verletzten Ehrgefühl heraus, zurückgewinnen will. Marwood gelingt es mit einer List, unerkannt Sara gegenüberzutreten. Während eines hochdramatischen Gesprächs, in dem Sara ihre moralische Grundeinstellung zu erkennen gibt, verrät sich Marwood und ist gezwungen, ihre eigentliche Identität preiszugeben. Der Konflikt scheint sich jedoch in Wohlgefallen aufzulösen. Selbst als Sara erfährt, dass Mellefont eine Tocher, Arabella, hat, ist sie bereit ihm zu verzeihen und das Kind als ihr eigenes großzuziehen. Doch im Verlauf der ersten Szenen des fünften Aufzugs verschlechtert sich der Gesundheitszustand Saras rapide. Als sich herausstellt, dass es sich hierbei nicht um die Folgen einer zuvor erlittenen Ohnmacht handelt, sondern Marwood Sara vergiftet hat, eilt Mellefont um Hilfe. Sir William erkennt in der Reaktion Mellefonts dessen wahre Liebe und verzeiht, seinerseits von Schuldgefühlen geplagt, den beiden am Sterbebett Saras und verspricht sich Mellefonts und Arabellas anzunehmen. Beeindruckt vom Edelmut Sir William Sampsons gibt Mellefont seine Rachegedanken gegenüber Marwood auf, findet aber nicht die Kraft, sich selbst zu verzeihen und erdolcht sich. Sir William folgt dennoch dem letzten Willen seiner Tochter und nimmt sich Arabellas an.

DEUTUNGSHORIZONT Im Mittelpunkt dieses bürgerlichen Trauerspiels stehen bürgerliche Wertvorstellungen wie Tugend, Moral und Verdienst. Das bürgerliche Ideal der Familie wird den Intrigen und Ränkespielen des höfischen Lebens gegenübergestellt, wobei – und das begründet den Konflikt – das Bürgertum sich von einer Welt umgeben sieht, die nach wie vor von den alten feudalen und auf Willkür gegründeten Machtstrukturen geprägt ist. Lessing zeigt in *Miss Sara Sampson* eine menschliche Tragödie, die sich aus diesem Zusammenstoß der alten höfischen mit der neuen bürgerlichen Welt ergibt.

So fühlt sich beispielsweise Sara Sampson einem Modell von Liebe und Ehe verpflichtet, das die Auslebung ihrer Sexualität nur innerhalb der Ehe zulässt. Sie ist die Vertreterin einer tugendhaft geistigen Liebe, die in der empfindsamen Liebesehe gipfelt. Die Konfrontation mit den Forderungen einer sinnlichen Liebe – zudem vor der geplanten Eheschließung – stürzt sie in einen inneren Konflikt.

Lessing stellt in diesem Stück die Frage nach der Selbstverantwortlichkeit des Menschen in den Vordergrund. Nicht ein unabwendbares Schicksal führt sie ins Verderben, sondern ihre eigenen Entscheidungen. So ist der Grad zwischen Komödie und Tragödie schmal, da sich ohne die Intriganz Marwoods zumindest alle äußeren Konflikte in Wohlgefallen aufgelöst hätten.

Nathan der Weise

Intention des Stücks

Nathan der Weise (1779) gehört zu den erfolgreichsten Stücken auf deutschen Theatern überhaupt. In diesem dramatischen Gedicht, wie Lessing es nannte, das nach dem Muster Shakespeares im Blankvers (fünffüßiger ungereimter Jambus) gedichtet ist, entfaltet Lessing sein Humanitätsideal, indem er die Utopie einer toleranten Ordnung der Gesellschaft entwirft.

Inhaltszusammenfassung

In *Nathan der Weise* verlegt Lessing, anders als in *Emilia Galotti*, den Schauplatz der Handlung in die Vergangenheit, nämlich in die Zeit des 3. Kreuzzuges um 1190 in die symbolträchtige Stadt Jerusalem, in der Angehörige der drei großen Weltreligionen inmitten der brutalen Glaubenskriege aufeinanderprallen. Der in Jerusalem residierende Sultan Saladin hat mit dem englischen König Richard Löwenherz und dem französischen König Philipp II. einen Waffenstillstand geschlossen, der allerdings von Rittern des Tempelordens gebrochen wurde. Zu dieser Zeit wächst im Hause des reichen Juden Nathan das Mädchen Recha auf, nicht ahnend, dass sie nicht seine Tochter, sondern eine Christin ist, die Nathan an Kindes statt angenommen hat, obwohl er während einer Judenverfolgung durch die Kreuzritter seine Frau und seine sieben Söhne verloren hat.

Von einer Reise zurückgekehrt, erfährt Nathan von Daja, der Gesellschafterin von Recha, dass seine Tochter einer großen Gefahr entgangen ist: Bei einer Feuersbrunst wäre sie fast umgekommen, wenn nicht der Tempelherr Leu von Filnek, der sich in der Gefangenschaft des Sultans befindet, sie gerettet hätte und, von tiefer Zuneigung ergriffen, bei Nathan um die Hand Rechas anhält. Die folgende Handlung besteht in einer Aufklärung über die Verwandtschaft der handelnden Personen, dabei stellt sich heraus, dass Recha die Schwester des Tempelherrn ist. Beide stammen aus der Ehe des jüngeren Bruders des Sultans, Asad, mit einer Christin aus Deutschland. Das Drama endet mit einer Familienzusammenführung der Angehörigen der drei Weltreligionen.

Deutung der Ringparabel

Im Mittelpunkt des Dramas steht die Ringparabel, die Lessing dem *Decamerone* von **Boccaccio** entnommen und umgearbeitet hat. In der Ringparabel spiegelt sich in der **Grundkonstellation der Familie** der **Grundkonflikt der drei Weltreligionen**. Ein Ring, der die „geheime Kraft" hat, seinen Träger „vor Gott und Menschen angenehm zu machen", wurde seit Generationen jeweils vom Vater dem liebsten seiner Söhne vererbt. Da dem letzten Besitzer des Ringes seine drei Söhne gleich lieb waren, ließ er neben dem echten Ring zwei täuschend echte anfertigen, so dass der Vater selbst den eigentlichen Ring nicht mehr erkennen konnte. Der Fall kommt vor einen Richter, der den Söhnen, von denen jeder den Anspruch erhebt, der rechtmäßige Besitzer zu sein, den folgenden Rat gibt:

[...] Hat von
Euch jeder seinen Ring von seinem Vater:
So glaube jeder sicher seinen Ring
Den echten. – Möglich; daß der Vater nun
Die Tyrannei des einen Rings nicht länger
In seinem Hause dulden wollen! – Und gewiß;
Daß er euch alle drei geliebt, und gleich

Geliebt: indem er zwei nicht drücken mögen,
Um einen zu begünstigen. – Wohlan!
Es eifre jeder seiner unbestochnen,
Von Vorurteilen freien Liebe nach!
Es strebe von euch jeder um die Wette,
Die Kraft des Steins in seinem Ring' an Tag
Zu legen! komme dieser Kraft mit Sanftmut,
Mit herzlicher Verträglichkeit, mit Wohltun,
Mit innigster Ergebenheit in Gott
Zu Hilf'! Und wenn sich dann der Steine Kräfte
Bei euern Kindes-Kindeskindern äußern:
So lad ich über tausend tausend Jahre
Sie wiederum vor diesen Stuhl. Da wird
Ein weisrer Mann auf diesem Stuhle sitzen
Als ich: und sprechen. […]
(**Lessing**, *Nathan der Weise*)

Idee der Vernunftreligion Der Richter zieht hiermit die Konsequenz aus der bisherigen Geschichte der Religionen. Die Selbstbezogenheit der Offenbarungsreligionen wird kritisiert und an ihrer Stelle die Idee der Vernunftreligion verfochten. Der Wettstreit der Religionen kann nicht dogmatisch entschieden werden, sondern nur dadurch, dass die Angehörigen der jeweiligen Religionen der „von Vorurteilen freien Liebe“ nacheifern, da Gott „die Tyrannei des einen Rings nicht länger [...] dulden“ wolle. Dies hat zur Folge, dass der Streit der Religionen nicht autoritär entschieden werden kann, sondern nur dadurch, dass sich der Einzelne seiner Verantwortung bewusst wird und im Sinne des **Toleranzgedankens** dem Andersgläubigen gegenübertritt.

4 Sturm und Drang

Grundlagen

QUICK-FINDER

Grundgedanken der Epoche

Die Dichter des Sturm und Drang

Grundgedanken der Epoche

DAS GEFÜHL IST MEHR ALS DIE VERNUNFT „Le sentiment est plus que la raison“ – Das Gefühl ist mehr als die Vernunft: Dieser Satz **Jean Jacques Rousseaus** (1712–1778) drückt zutreffend das Lebensgefühl der Sturm und Drang-Dichter aus. Diese Epoche verdankt ihren Namen dem Schauspiel *Sturm und Drang* (1777), verfasst von **Friedrich Maximilian Klinger** (1752–1831), einem Günstling Goethes, der diesem Drama in seiner ursprünglichen Fassung den Titel *Wirrwarr* gab.

KONFLIKT ZWISCHEN KULTUR UND NATUR Die Dichter des Sturm und Drang eint die Grundüberzeugung, dass der Sinn des Lebens in der freien und unverfälschten **Entfaltung der Natürlichkeit des Menschen** liegt. Der Realisierung dieses Lebens sind jedoch gesellschaftliche Grenzen gesetzt. Diesen **Konflikt zwischen Natur und Kultur** drückt Rousseau so aus: „Der Mensch wird frei geboren, aber überall liegt er in Ketten!"

JUGENDPROTEST UND REBELLION Der Sturm und Drang war eine Protest- und zugleich eine **Jugendbewegung**. Der Protest richtete sich gegen

- den Absolutismus und den höfischen Adel,
- das bürgerliche Berufsleben, das man für eng und freudlos hielt und
- die überkommene Tradition in Kunst und Literatur.

GESELLSCHAFTLICHE KONVENTIONEN UND FREIHEITSDRANG Die Ursache dafür, dass der Mensch seine Natürlichkeit nicht frei entfalten kann, sehen die Anhänger des Sturm und Drang vornehmlich in der **Enge gesellschaftlicher Konventionen** begründet, in deren Folge sich vielfach ein geistiges Klima der Untertänigkeit, **bürgerlicher Enge und Borniertheit** herausbildete. Diese Borniertheit kann in ihren Augen nur durch eine **Rückwendung zur Natur** durchbrochen werden, wo sich **Herz** und **Gefühl** unverstellt und frei von jeglichen gesellschaftlichen Zwängen zum Ausdruck bringen können.

VORRANG DES EMPFINDENS Dieser Vorrang des Empfindens bedeutet für die Autoren des Sturm und Drang in erster Linie, das eigene Ich von allen gesellschaftlichen Fesseln zu befreien, da in ihren Augen nur so die eigene

Identität zur Geltung kommen kann. Aus diesem Grund formuliert Herder, als er die Schriften Rousseaus las, den folgenden, für die Zeit des Sturm und Drang zentralen Gedanken:

„Hat man je etwas Wunderbareres gesehen als ein schlagendes Herz mit seinen unerschöpflichen Reizen? [...] Unser Denken hängt ab vom Empfinden".

GENIEKULT Den Dichtern des Sturm und Drang galt ein Kunstwerk nur dann als ein solches, wenn sich darin die **Genialität des Künstlers**, seine **schöpferische Eigenständigkeit** und sein **individuelles Lebensgefühl** ausdrückte. Entscheidenden Einfluss auf diesen **Geniekult** hatte dabei Johann Gottfried Herder (1744–1803). Dem als Gängelung empfundenen Erziehungsgedanken der Aufklärung, die den Menschen zu belehren und zu bessern versuchte und den Dichter als Gelehrten versteht, setzte Herder die Auffassung entgegen, dass der Dichter sein **Herz**, sein **Gefühl** und seine **Empfindungen** im Hier und Jetzt unmittelbar zum Ausdruck zu bringen habe.

Die Dichter des Sturm und Drang

DER KREIS UM GOETHE UND HERDER Die literarische Bewegung des Sturm und Drang erfuhr durch eine Begegnung Goethes mit dem nur fünf Jahre älteren Herder im Jahre 1770/1771 ihren entscheidenden Anstoß. Um Goethe und Herder bildete sich in Straßburg und Frankfurt eine Gruppe junger Dichter, während sich parallel in Schwaben um den jungen Schiller ein weiterer Kreis von Autoren mit ähnlichen Ambitionen herauskristallisierte.

DER HAINBUND Eine andere Gruppe sammelte sich in Göttingen. Ihr Vorbild war **Klopstock**, nach dessen Ode *Der Hügel und der Hain* sich diese Gruppe Hainbund nannte, zu deren führenden Mitgliedern **Ludwig Hölty** und **Johann Heinrich Voß** gehörten. **Gottfried August Bürger** und **Matthias Claudius** gehörten dem Hainbund zwar nicht an, waren ihm aber freundschaftlich verbunden.

WICHTIGE BEGRIFFE IM ÜBERBLICK

Autoren	**Friedrich Gottlieb Klopstock** (1724–1803), **Johann Wolfgang von Goethe** (1749–1832), **Friedrich Schiller** (1759–1805), **Jakob Michael Reinhold Lenz** (1751–1792), **Gottfried August Bürger** (1747–1794)
literarische Zentren	Straßburg, Frankfurt, Göttingen
Sprachverständnis	Die Sprache fungiert als Spiegel des Ichs, nicht als Spiegel des Verstandes.
Schlüsselbegriffe der Epoche	„Herz", „Genie", „Empfindung", „Natur"
Kernsatz	„Der Mensch wird frei geboren, aber überall liegt er in Ketten!" **(Rousseau)**
Bevorzugte Gattungen	Drama und Lyrik, Sonderstellung des Werther
Wichtige theoretische Schriften	**Johann Wolfgang von Goethe**, *Zum Shakespearetag* (Rede 1771)

Formen der Dichtung: Dramatik

QUICK-FINDER

Das Drama im Sturm und Drang

ÄSTHETISCHE UND POLITISCHE FREIHEITEN Der junge Goethe sammelte eine Gruppe von Dramatikern um sich, die mit Aufsehen erregenden Stücken den neuen Lebensstil entwarfen. Mit Ausnahme Goethes entstammten sie allesamt niederer Herkunft. Leidenschaftlich traten sie für neue ästhetische und politische Freiheiten ein.

ORIENTIERUNG AN SHAKESPEARE Hinsichtlich der Gestaltung des Dramas orientierten sich die Dichter des Sturm und Drang an Shakespeare. Goethe übernahm schon früh die Shakespeare-Begeisterung Herders und erläuterte in seiner Rede *Zum Shakespearetag* seine Vorstellungen über das Theater, das in erster Linie „das Eigentümliche unsres Ichs" und die „Freiheit unsres Wollens" zu zeigen habe. Der Freiheit des Wollens waren jedoch gesellschaftliche Grenzen gesetzt, da die Freiheit des Wollens mit dem „notwendigen Gang des Ganzen zusammenstößt".

THEMEN DER DRAMEN Der Konflikt zwischen der Natürlichkeit des Individuums und den gesellschaftlichen Zwängen steht im Zentrum der dramatischen Dichtung. Von herausragender Bedeutung sind Schillers Darstellungen des Ringens um politische Freiheiten in den Dramen *Kabale und Liebe* und *Fiesco*. Den Kampf gegen die Gesellschaft zeigen **Goethes** *Götz von Berlichingen* und **Schillers** *Räuber*.

Schiller, Kabale und Liebe

INHALTSZUSAMMENFASSUNG Im Zentrum des Stücks steht die Liebe zwischen Ferdinand von Walter, Sohn eines einflussreichen Adligen, und Luise, Tochter des Musikers Miller. Um diese Liebe zu verhindern – es ist geplant, Ferdinand mit Lady Milford zu verheiraten – greifen der Vater von Ferdinand und sein Sekretär Wurm zu einer bösartigen List: Die Eltern Luises geraten wegen einer angeblichen Majestätsbeleidigung in Haft. Wurm zwingt daraufhin Luise, einen (diktierten) Liebesbrief an den Hofmarschall von Kalb zu verfassen, da andernfalls ihre Eltern hingerichtet werden würden. Außerdem muss sie beiden versichern, diesen Brief aus freien Stücken geschrieben zu haben. Der Brief wird Ferdinand zugespielt, der prompt in die Falle tappt und sich, blind vor Wut, an Luise zu rächen gedenkt. Das Stück endet damit, dass Ferdinand Luise und sich selbst vergiftet. Sterbend vergibt sie Ferdinand, der, selbst in den letzten Atemzügen liegend, seinem eigenen Vater vergeben kann.

DEUTUNGSHORIZONT In *Kabale und Liebe* rückt Schiller den Konflikt zwischen Herrscherwillkür und dem Anspruch einer über alle Standesunterschiede erhabenen Liebe in den Vordergrund. Schiller zeigt in diesem Trauerspiel eine zynische und von Zwängen geprägte Welt, die dem handelnden Menschen kaum eine Chance zur freien Entfaltung lässt. Die Frage, inwieweit sich die Glückserwartungen des Einzelnen realisieren lassen können, ist das beherrschende Grundmotiv. Letztlich wird sie durch den Tod der Protagonisten negativ beantwortet.

Lenz, Der Hofmeister

BEDEUTUNG DER DRAMEN LENZ' In den Dramen von Lenz (1751–1792), der mit 26 Jahren an Schizophrenie erkrankte, zeigt sich am deutlichsten die sozialkritische Dimension der Dramen des Sturm und Drang.

INHALTSZUSAMMENFASSUNG Das Drama *Der Hofmeister* (1774) – Lenz bezeichnete es doppelsinnig als Komödie – schildert das Schicksal des Hofmeisters Läuffer, der sich selbst durch Kastration straft, weil er die Tochter des Majors von Berg, der ihn als Hauslehrer anstellte, schwängerte. Als Läuffer seinen Dienst im Hause des Majors antritt, findet er dort ein Klima der Borniertheit, Dummheit und Herrschsucht vor, das den gesamten Fortgang des Dramas bestimmt. Mehr aus Langeweile und Schwärmerei denn aus Liebe kommen sich Läuffer und Gustchen näher. Als sich herausstellt, dass Gustchen schwanger ist, versucht sie sich das Leben zu nehmen, wird aber im letzten Moment gerettet. Läuffer flieht zum Schulmeister Wenzeslaus, wo er sich aus Angst und Reue entmannt. Bezeichnenderweise endet das Drama lapidar. Läuffer heiratet ein unbedarftes Mädchen vom Lande, dem seine fehlende Männlichkeit nichts ausmacht. Gustchen findet Unterschlupf bei Fritz, dem Sohn des Bruders des Majors. Kein Konflikt des Dramas wird gelöst, stets regiert der Zufall, an keiner Stelle beherrschen die Protagonisten die Bedingungen ihrer Existenz. Stattdessen haben stets die Begebenheiten Macht über die Charaktere. Infolgedessen erscheint Läuffer zum Schluss als lächerliches und erbarmungswürdiges Opfer, das absurde gesellschaftliche Normen verinnerlicht hat.

Lenz, Die Soldaten

ZERRSPIEGEL DER BÜRGERLICHEN FASSADE Ähnlich ist die Konstellation im Drama *Die Soldaten* (1776), das wie *Der Hofmeister* auf eine authentische Geschichte zurückgeht. Wie in *Der Hofmeister* verweben sich hier **tragische und komische Elemente** zu einem Zerrspiegel der bürgerlichen Fassade.

INHALTSZUSAMMENFASSUNG Die Galanteriehändlertochter Maria Wesener lässt sich vom Offizier Desportes verführen, der sie jedoch umgehend verlässt. Marie aber hat an der galanten Lebensweise Gefallen gefunden und ist trotz dieser Erfahrung für ihren Freund, den Zivilisten Stolzius, verloren. Sie flieht, um ihren verschwundenen Geliebten zu finden. Stolzius seinerseits tritt in den Militärdienst ein und sorgt dafür, dass Maria von seinen Jägern gefangen genommen wird. Stolzius gelingt es im weiteren Fortgang des Stückes, den untreuen Desportes und zugleich sich selbst mit Rattengift zu töten. Der ruinierte Vater Wesener, der für seinen vermutlichen Schwiegersohn eine Kaution hinterlegt hat, sucht seine Tochter und findet sie schließlich als Bettlerin. Sie fallen sich um den Hals und wälzen sich vor Wiedersehensfreude auf der Erde – eine Versöhnung, die animalisch und tieftraurig anmutet.

Formen der Dichtung: Epik und Lyrik

QUICK-FINDER

Der Roman des Sturm und Drang

Die Lyrik des Sturm und Drang

Goethes Prometheus-Gedicht

Der Roman des Sturm und Drang

GOETHES WERTHER-ROMAN Auch wenn der Roman als Gattung insgesamt während der Zeit des Sturm und Drang eine untergeordnete Rolle spielt, sticht Goethes *Die Leiden des jungen Werther* hervor, ein Roman, der ein **gigantischer Bucherfolg** war. Die Erstfassung von 1774 erreichte bis 1790 dreißig, die Zweitfassung von 1787 bis zu seinem Tode noch einmal fünfundzwanzig Auflagen, rasch folgten Übersetzungen ins Französische, Englische und Italienische. Der Erfolg des Romans beruhte darauf, dass Goethe dem **Lebensgefühl einer ganzen Generation** Ausdruck verliehen hat. Die Identifikation der Leser ging dabei so weit, dass der Roman eine regelrechte **Selbstmordwelle** auslöste. Goethe wählte für den Werther die Form des Briefromans. Der junge, wohlhabende Werther verliebt sich in Lotte, die jedoch mit dem nüchternen und arbeitsamen Albert, den sie später heiraten wird, verlobt ist. Als Werther erkennt, dass Lotte für ihn unerreichbar ist, sieht er einzig im Selbstmord die Lösung seiner unglücklichen Liebe. Einen Tag vor Weihnachten erschießt er sich nach einem letzten Besuch bei Lotte.

MOTIVE DES ROMANS Thematisch behandelt der Roman alle die für den Sturm und Drang typischen Motive: das Motiv des **idyllischen Landlebens** und der **Verherrlichung der Natur**, die den Werten des bürgerlichen (Stadt)-Lebens entgegengesetzt wird, das Motiv der **bedingungslosen Liebe**, die gegen die bürgerlichen Konventionen rebelliert, das Motiv der **Erneuerung von Kunst und Literatur** gegenüber der Regelpoetik der Aufklärung und das Motiv der **Revolte gegenüber der gesellschaftlichen Ordnung**.

KOMPOSITIONSPRINZIP DES ROMANS Entscheidend für den Erfolg des *Werther* ist das ausgeklügelte Kompositionsprinzip dieser **Dreiecksgeschichte**. Formal ist der Roman in **zwei Teile** gegliedert, die einander vielfach entsprechen, allerdings unter umgekehrten Vorzeichen: Während der erste Teil **Werthers Glück** beschreibt, steht im zweiten Teil **Werthers Katastrophe** im Zentrum. Dieser Wendung, die mit einem gesteigerten Erzähltempo einhergeht, entsprechen eine Fülle von Analogien auf allen Ebenen des Textes.

KOMPOSITIONSPRINZIPIEN IN GOETHES WERTHER-ROMAN

Erster Teil	Zweiter Teil
Werthers anfängliches **Glück**	Werthers **Schicksal**
Entdeckung des Idylls	**Zerstörung** des Idylls
Werthers **Verachtung** der bürgerlichen Welt	Werthers **Versagen** im höfischen Dienst
Werthers **Empfindsamkeit** (Innenperspektive)	Werthers **Krankheit** (Außenperspektive: Beurteilung Werthers durch einen fiktiven Herausgeber)

Die Lyrik des Sturm und Drang

ERLEBNISLYRIK UND EXPRESSIVER SPRACHSTIL Auflehnung ist das Grundmotiv des Sturm und Drang. Nirgends wird dies so deutlich wie in der Lyrik, in der sich der Dichter, das **Genie**, über seine Umwelt erhebt und seinem Drang nach Selbstverwirklichung, Lebenslust, nach lebendiger und echter **Natur- und Liebeserfahrung** Ausdruck verleiht. Dies geschieht zumeist in **kaum gebändigten Formen** und Versmaßen und in einer sehr **expressiven Wortwahl**. Nicht zuletzt deswegen wurde hierfür der Begriff der **Erlebnislyrik** geprägt. Die Liebe wird dabei als etwas Totales, Umfassendes verstanden: Sie ist ein **persönliches Erlebnis** und **zugleich** eine **überpersönliche Macht**, sie bildet eine **Einheit von Seele, Natur und entkonfessionalisierter Religiosität.**

FREIE RHYTHMEN STATT TRADITIONELLER VERSFORMEN

Stilistisch ist diese Lyrik durch einen unruhigen, **vorwärtsdrängenden Rhythmus**, **Ellipsen**, einen **parataktischen Satzbau** und den Gebrauch von **Superlativen** geprägt. Traditionelle Versformen werden gesprengt, vielfach sind **freie Rhythmen** anzutreffen. Das lyrische Ich bedient sich einer **hymnisch-feierlichen Sprache**, die in erster Linie dem **Ausdruck emotionaler Ergriffenheit** und dem **Ausdruck der Auflehnung** des lyrischen Ichs gegenüber jeglicher Ordnung dient.

Goethes Prometheus-Gedicht

STOFFGESCHICHTE Paradigmatische Bedeutung für dieses lyrische Konzept hat dabei Goethes Gedicht *Prometheus*. Goethe hat dabei die mythologische Figur des Prometheus zum Grundmotiv dieses Gedichtes erhoben. Prometheus, der gegen die Götter revoltiert, indem er den Menschen das Feuer bringt, entthront die Götter, die damit ihr Machtinstrument an die Menschen verlieren.

Goethe, *Prometheus*

Bedecke deinen Himmel, Zeus,
Mit Wolkendunst!
Und übe, Knaben gleich,
Der Disteln köpft,
An Eichen dich und Bergeshöhn!
Mußt mir meine Erde
Doch lassen stehn,
Und meine Hütte,
Die du nicht gebaut,
Und meinen Herd,
Um dessen Glut
Du mich beneidest.

Ich kenne nichts Ärmer's
Unter der Sonn' als euch Götter.
Ihr nähret kümmerlich
Von Opfersteuern
Und Gebetshauch
Eure Majestät
Und darbtet, wären
Nicht Kinder und Bettler
Hoffnungsvolle Toren.

Da ich ein Kind war,
Nicht wußt', wo aus, wo ein,
Kehrt ich mein verirrtes Aug'
Zur Sonne, als wenn drüber wär'
Ein Ohr, zu hören meine Klage,
Ein Herz wie meins,
Sich des Bedrängten zu erbarmen.

Wer half mir
Wider der Titanen Übermut?
Wer rettete vom Tode mich,
Von Sklaverei?
Hast du's nicht alles selbst vollendet,
Heilig glühend Herz?
Und glühtest, jung und gut,
Betrogen, Rettungsdank
Dem Schlafenden dadroben?

Ich dich ehren? Wofür?
Hast du die Schmerzen gelindert
Je des Beladenen?
Hast du die Tränen gestillet
Je des Geängsteten?
Hat nicht mich zum Manne geschmiedet
Die allmächtige Zeit
Und das ewige Schicksal,
Meine Herren und deine?

Wähntest du etwa,
Ich sollte das Leben hassen,
In Wüsten fliehen,
Weil nicht alle Knabenmorgen-
Blütenträume reiften?

Hier sitz' ich, forme Menschen
Nach meinem Bilde,
Ein Geschlecht, das mir gleich sei,
Zu leiden, weinen,
Genießen und zu freuen sich,
Und dein nicht zu achten,
Wie ich.

DEUTUNGSHORIZONT Das reimlose Gedicht besteht aus 7 Strophen ungleicher Verszahl, die ungleich langen Verse schwanken zwischen zwei und zehn Silben. Es weist kein regelmäßiges Metrum auf. Der Auftakt des Gedichtes ist überaus fulminant (Z. 1–5): Das lyrische Ich wendet sich in Form eines Imperativs an Zeus und pervertiert so die eigentlich erwartete Rollenverteilung: Prometheus, der aufrührerisch-kämpferische Held der altgriechischen Mythologie, wendet sich ironisch an Zeus. Prometheus fordert ihn auf, seine mit Blitz und Donner gerüstete Macht an „Eichen" und „Bergeshöhen" zu erproben, um dann triumphierend zu resümieren, dass er die von Prometheus erschaffene Welt („Hütte", „Herd", „Glut" Z. 8–11) wohl oder übel zu respektieren habe. Diese ironische Diktion steigert sich zusehends und mündet in Spott (Z. 13–17). Sprachlich realisiert sich dieser Spott durch den Gebrauch zahlreicher Imperative („Bedecke"; „übe") und bissiger rhetorischer Fragen („Ich dich ehren? Wofür?" Z. 38) sowie durch den ebenfalls zahlreichen Gebrauch von Personalpronomina. Der Grund der Auflehnung gegen die Götter ist begründet in der Erkenntnis ihrer Macht- und folglich auch Bedeutungslosigkeit (Z. 38–42) und der Selbsterkenntnis der eigenen Stärken und Fähigkeiten (Z. 29–37) – zwei Motive, die letztlich empathisch in der Selbstbehauptung der eigenen, genialischen Identität münden (Z. 52–58).

5 Klassik

Grundlagen

QUICK-FINDER

Rezeption der Französischen Revolution

BILDUNG STATT REVOLUTION „Edel sei der Mensch, / Hilfreich und gut!“ Diese ersten beiden Verse aus Goethes Gedicht *Das Göttliche* drücken den Wunsch und die Sehnsucht nach einer **moralisch** und **ästhetisch kultivierten Welt** aus. Die von Goethe und Schiller, aber auch von Herder verfochtene **Idee der Kultivierung und Ästhetisierung der Wirklichkeit** gewinnt ihr Profil in der Auseinandersetzung mit der **Französischen Revolution**. Die beginnende Frühindustrialisierung, die Französische Revolution und die Krise des europäischen Feudalsystems waren die das Zeitgeschehen beherrschenden Themen. Die Reaktionen auf das aufsehenerregende wie verwirrende Revolutionsgeschehen waren kontrovers. Sie reichten von enthusiastischer Zustimmung bis zu prinzipieller Ablehnung. Insbesondere die Septembermorde des Jahres 1792 und die Hinrichtung des Königs im Jahre 1793 ließ viele zurückschrecken.

REALPOLITISCHER REFORMKURS UND ÄSTHETISCHER IDEALISMUS Goethe selbst war von der Französischen Revolution fasziniert, aber kein Revolutionsfreund. Als Minister in Weimar vertrat er einen politischen Reformkurs, demgemäß Fürsten und Untertanen, Adel und Bürger gemeinsam in einem Entwicklungsprozess innerhalb des Bestehenden zeitgerechte Reformen verwirklichen sollten. Diesem **realpolitischen Reformkurs** entspricht ein **ästhetischer Idealismus**, ein von Goethe und Schiller gemeinsam in Weimar entwickeltes Programm der **Bildung zur Humanität durch Kunst und Dichtung**.

REALPOLITISCHER REFORMKURS UND ÄSTHETISCHER IDEALISMUS	
Politische Ebene	Ästhetische Ebene
Ablehnung der Radikalität der Französischen Revolution; Ablehnung der Idee eines gewaltsamen Umsturzes bestehender Ordnungen	Formulierung der These, dass eine Umwandlung des Staates eine Umwandlung der Gesellschaft voraussetze
Forderung nach einem moderaten politischen Reformkurs	Forderung nach ästhetischer Erziehung und Bildung zur Humanität als Aufgabe der Zeit und als Vorbedingung der Umwandlung der Gesellschaft

Die klassische Ästhetik

DER MENSCHLICHE IDEALZUSTAND Nach Goethe und Schiller ist es die Aufgabe der Kunst, einen **menschlichen Idealzustand** zu beschreiben und diesen im Kunstgenuss erlebbar zu machen. Die Kunst der Klassik ist ihrem eigenen Verständnis nach **zweckfrei**, da sie gegenüber der Realität und ihren Zwängen einen eigenen Erfahrungsraum beschreibt, der dem Menschen erst die Begegnung mit dem **Wahren**, **Schönen** und **Guten** ermöglicht.

DIE AUTONOMIE DER KUNST Diese Trennung von Kunst und Leben sowie die Behauptung der **Autonomie der Kunst** wird als Befreiung der Kunst empfunden, die nun nicht mehr vordergründig an gesellschaftliche Zwecke gebunden scheint. Der Mensch – so Schiller – ist nur Mensch, „wenn er spielt“, also zweckfrei sich selbst in der **ästhetischen Erfahrung** und im **ästhetischen Spiel** begegnet.

Schiller, *Über die ästhetische Erziehung des Menschen*

„Der Nutzen ist das große Idol der Zeit, dem alle Kräfte fronen und alle Talente huldigen sollen. Auf dieser groben Waage hat das geistige Verdienst der Kunst kein Gewicht”
(**Schiller,** *Über die ästhetische Erziehung des Menschen, 6. Brief*)

DIE CHARAKTERSCHÖNHEIT Der rein **menschliche Idealzustand** ist nach Schiller durch die von ihm so genannte Charakterschönheit ausgezeichnet, unter der Schiller in der Tradition Kants die Idealvorstellung eines Menschen versteht, der das, was die Moral ihm als zwingend zu tun vorgibt, zu seinem eigenen Willen macht.

Schiller, *Ankündigung der Zeitschrift „Die Horen“*

„Je mehr das beschränkte Interesse der Gegenwart die Gemüter in Spannung setzt [...], desto dringender wird das Bedürfnis, durch ein allgemeines und höheres Interesse an dem, was rein menschlich und über allen Einfluß der Zeiten erhaben ist [...], unter der Fahne der Wahrheit und Schönheit wieder zu vereinigen“
(**Schiller,** *Ankündigung der Zeitschrift „Die Horen“, 1794*)

Charakterschönheit nach Schiller

Identität
der Vernunft- und Naturbestimmung des Menschen; Identität von Pflicht und Neigung

↓

Harmonie
zwischen den Ausdruckselementen des Verstandes und des Gefühls und damit Überwindung und Aufhebung der Ansprüche der Literatur der Aufklärung und des Sturm und Drang.

Die griechische Antike als Vorbild und Sinnbild

DIE DARSTELLUNG DES SCHÖNEN MENSCHEN Das antike **Griechentum** diente Goethe und Schiller **als Muster** für die Entwicklung der Literaturauffassung der Weimarer Klassik. Sowohl der **Gedanke der Humanität**, also die Vorstellung des Ideals der Harmonie zwischen Vernunft und Natur, als auch das Bemühen um die Darstellung des schönen Menschen in der Kunst sahen Goethe und Schiller in der griechischen Antike angelegt, da diese – so Goethe – das „Bedürfnis von etwas Musterhaftem" zum Ausdruck brachte.

DIE BEDEUTUNG WINCKELMANNS Entscheidenden Anstoß für die Beschäftigung mit der griechischen Antike erfuhr die Klassik durch **Johann Joachim Winckelmann** (1717–1768), der durch seine *Gedanken über die Nachahmung der griechischen Werke in der Malerei und Bildhauerkunst* (1755) und durch seine *Geschichte der Kunst des Altertums* (1764) ein Griechenlandbild schuf, das bis weit ins 19. Jahrhundert prägend war. Einer der Kernsätze im Werk Winckelmanns lautet:

„Das allgemeine Kennzeichen der griechischen Meisterstücke ist eine edle Einfalt und stille Größe – sowohl in der Stellung als im Ausdruck."

DAS SELBSTVERSTÄNDNIS DER LITERATUR ZUR ZEIT DER AUFKLÄRUNG, DES STURM UND DRANG UND DER KLASSIK

Aufklärung	Sturm und Drang	Klassik
Literarischer Appell an den Verstand des Menschen	Literarische Manifestation der Unbedingtheit des Willens	Entwurf eines harmonischen Gleichgewichtes zwischen Verstand und Gefühl
Literatur als Mittel zur Erziehung und politisch-gesellschaftlichen Emanzipation des Menschen	Literatur als Sprachrohr des Genies, das bedingungslos gegen seine Umwelt revoltiert	Literatur als zweckfreier Raum ästhetischer Erfahrung und Darstellung des Idealischen, ‚Rein-Menschlichen'

MASS, ORDNUNG UND SYMMETRIE Antike und Griechentum waren dabei nicht der Anlass für eine rückwärts gerichtete Beschäftigung, sondern wurden von den

Dichtern der Klassik als Vorbild für das eigene Schaffen betrachtet. Dazu gehört die Vorstellung, dass das Kunstwerk idealerweise eine organische, in sich selbst ruhende Ganzheit darstellen soll. Die Prinzipien von **Maß**, **Ordnung**, **Fasslichkeit**, **Symmetrie** und **Proportion** bilden einen wohlkalkulierten Zusammenhang. Die **äußere Form** ist dabei als der **Zugang zum inneren Wesen** des Kunstwerks aufzufassen, das sich immer nur als Ganzes erschließt und als Ganzes für sich selbst spricht.

KULTURELLE LEISTUNGEN ZUR ZEIT DER KLASSIK Die Zeit der literarischen Klassik zwischen 1775 und 1810 ist geprägt durch eine beispiellose Fülle kultureller Erscheinungen.

Philosophie	Die Philosophie der Neuzeit erfährt eine entscheidende Reform durch **Immanuel Kant**, der insbesondere auch **Schillers** Auffassungen nachhaltig prägte. 1781 erscheint die *Kritik der reinen Vernunft*, 1788 die *Kritik der praktischen Vernunft* und 1790 die *Kritik der Urteilskraft*.
Pädagogik	Erneuerung des Erziehungswesens durch **Pestalozzi** (1746–1827), Durchführung einer Bildungsreform durch **Wilhelm von Humboldt** (1767–1835) und in diesem Zusammenhang Gründung der Berliner Universität. Humboldt stellt das in der Weimarer Klassik entwickelte Ideal einer auf der Antike gründenden harmonischen Humanität in den Mittelpunkt der Bildung.

Bildende Kunst	Es entstehen bedeutende Plastiken nach dem Vorbild der Antike, bei denen das Typische bevorzugt dargestellt wird, insbesondere durch **Thorvaldsen** (1768–1844), **Canova** (1757–1822), **Gottfried Schadow** (1764–1850).
Architektur, Malerei	**Karl Friedrich Schinkel** (1781–1841), **Jacques-Louis David** (1748–1825), **Jean-Auguste Dominique Ingres** (1780–1867), **Johann Heinrich Wilhelm Tischbein** (1751–1829)
Musik	Es kommt zur Entwicklung eines neuen Klavierstils. Seit 1770 erscheint die Sonate zumeist viersätzig, wobei dieser Aufbau auch für die Sinfonie, das Streichquartett und andere Formen der Kammermusik maßgeblich wird. In die Zeit der Klassik fällt das Werk **Haydns** (1732–1809), **Mozarts** (1756–1791) und **Beethovens** (1770–1827).

WICHTIGE BEGRIFFE	
Autoren	**Friedrich Schiller** (1759–1805), **Johann Wolfgang von Goethe** (1749–1832), **Friedrich Hölderlin** (1770–1843), **Heinrich von Kleist** (1777–1811)
Schlüsselbegriffe der Epoche	Harmonie zwischen Pflicht und Neigung, ästhetische Erziehung, Humanität, Charakterschönheit, Anmut
Kernsatz	„Das Schöne ist eine Manifestation geheimer Naturgesetze, die uns ohne dessen Erscheinung ewig wären verborgen geblieben" (**Goethe**, *Maximen und Reflexionen* Nr. 719 HA.)
Drama	**Goethe**, *Iphigenie auf Tauris* (1787), *Faust. Ein Fragment* (1790); **Schiller**, *Wallenstein* (1798/99), *Maria Stuart* (1800), *Wilhelm Tell* (1804)
Roman	**Goethe**, *Wilhelm Meister* (1795/96)
Lyrik	Schillers und Goethes Ideenballaden, Hölderlins Oden
Wichtige theoretische Schriften	**Schiller**, *Über die ästhetische Erziehung des Menschen, in einer Reihe von Briefen* (1795)

Formen der Dichtung: Lyrik

QUICK-FINDER

Die Lyrik Schillers

DARSTELLUNG DES IDEALISCHEN Der rebellische Ton des Sturm und Drang wird in der Lyrik zu Gunsten der Darstellung des Idealischen aufgegeben. An die Stelle der Manifestation der Unbedingtheit des genialischen Willens tritt der Entwurf des **harmonischen Gleichgewichts zwischen Verstand und Gefühl.** An die Stelle ungebändigter freier Rhythmen tritt das Bedürfnis nach der **Entwicklung einer strengen Form**, die von Goethe und Schiller als der Schlüssel zum Zugang der **ästhetischen Erfahrung des Wahren, Schönen und Guten** verstanden wurde. Schiller bringt dies programmatisch in dem Gedicht *Die Künstler* zum Ausdruck:

Schiller, ***Die Künstler*** (Auszug)

[...]
Der Menschheit Würde ist in eure Hand gegeben,
Bewahret sie!
Sie sinkt mit euch! Mit euch wird sie sich heben!
Die Dichtung heilige Magie
Dient einem weisen Weltenplane,
Still lenkte sie zum Ozeane
Der großen Harmonie!
[...]

SCHILLERS IDEENBALLADEN Die lyrische Gestaltung des **Ideals der Charakterschönheit** findet im lyrischen Werk Schillers ihren Ort vorwiegend in den **Ideenballaden** *(Der Taucher, Der Handschuh, Die Bürgschaft)*, die den Widerstreit von **Freiheit** und **Notwendigkeit**, **Wille** und **Vernunft** zum Thema haben. Diese Balladen zeigen dabei ähnlich wie in der klassischen Tragödie an einer dramatischen

Handlung die ethische Dimension menschlichen Handelns, das im Sinne Schillers dann als harmonisch zu charakterisieren ist.

[...] „wenn sich das sittliche Gefühl [...] endlich bis zu dem Grade versichert hat, daß es dem Affekt die Leitung des Willens ohne Scheu überlassen darf und nie Gefahr läuft, mit den Entscheidungen desselben im Widerspruch zu stehen".
(Friedrich Schiller, ***Über Anmut und Würde*****)**

VERWIRKLICHUNG DES GÖTTLICHEN Da der **harmonische Idealzustand** aber nicht der tatsächlichen Verfasstheit des Menschen entspricht, bedarf das **sittliche Gefühl** der Bildung und **ästhetischen Erziehung**. Wie Schiller geht auch Goethe davon aus, dass der Mensch weder ausschließlich durch seine Natur, noch ausschließlich durch die Vernunft geprägt ist. Da diese beiden Grundbestimmungen des Menschen oftmals einander widersprechen, bedarf es einer Harmonisierung, das heißt der Verwirklichung des Göttlichen im Menschlichen.

ABSCHIED VON DEN IDEEN DES STURM UND DRANG Schiller und Goethe lösen sich aus diesem Grund von der Programmatik des Sturm und Drang, in dem das Gefühl verabsolutiert wurde. Der Gefühlskult des Sturm und Drang wird in seine Grenzen verwiesen, da dieser nicht die Harmonisierung von Gefühl und Verstand, sondern die bloße Rebellion des Gefühls zu ihrem Inhalt hat. Aus diesem Grund revidiert Goethe die noch im Gedicht *Prometheus* dem Menschen zugedachte Rolle zwischen Natur und Weltordnung.

STURM UND DRANG	KLASSIK
Ich kenne nichts Ärmer's Unter der Sonn' als euch Götter. **Goethe**, *Prometheus*, Z. 13 f.	Denn mit Göttern Soll sich nicht messen Irgend ein Mensch. **Goethe**, *Grenzen der Menschheit*, Z. 11–13
Ich dich ehren? Wofür? **Goethe**, *Prometheus*, Z. 38	Nach ewigen, ehrnen, Großen Gesetzen Müssen wir alle Unseres Daseins Kreise vollenden. **Goethe**, *Das Göttliche* Z. 32–36

Die Lyrik Hölderlins

BIOGRAFIE **Johann Christian Friedrich Hölderlin** gilt neben Goethe, Schiller und Kleist als einer der bedeutendsten deutschen Dichter. Hölderlin, geboren 1770 in Lauffen am Neckar, studierte Theologie am Tübinger Stift, gemeinsam mit den Philosophen **Georg Friedrich Wilhelm Hegel** und **Friedrich Wilhelm Joseph Schelling**. Hölderlin tritt im Jahre 1796 eine Hauslehrerstelle bei einer Bankiersfamilie in Frankfurt an, eine Beziehung zur Hausherrin führt aber schon bald zu seiner Entlassung. Nach Aufenthalten als Hofmeister in Hauptwil und Bordeaux wird er nach einem psychischen Zusammenbruch zur Behandlung in eine Heilanstalt eingewiesen und 1807 als unheilbar entlassen. In Tübingen nimmt ihn eine Schreinerfamilie auf und pflegt ihn bis zu seinem Tod im Jahre 1843.

RÜCKBEZUG AUF DIE ANTIKE ALS SEHNSUCHT NACH DER VERGANGENHEIT Ähnlich wie bei Schiller und Goethe stellt das antike Griechenland ein Zeitalter der Einheit von Natur und Kultur, Seele und Geist, Innen- und Außenwelt dar. Im Gegensatz zu Schiller und Goethe, denen die Antike als idealer Gegenentwurf dient, stellt für Hölderlin die Antike eine untergegangene Epoche dar, zu der die Gegenwart keinen Zugang mehr hat, vielmehr wird die Gegenwart von Hölderlin als eine Zeit der Ungewissheit, der Bedrohung und des Untergangs erlebt.

DIE ERFAHRUNG DER GEGENWART IN DEN GEDICHTEN HÖLDERLINS

Der Zeitgeist	aus: Hälfte des Lebens
„Zu wild, zu bang ists ringsum, und es / Trümmert und wankt ja, wohin ich blicke“	„Weh mir, wo nehm ich, wenn / Es Winter ist, die Blumen, und wo / den Sonnenschein, / und Schatten der Erde? / Die Mauern stehn / Sprachlos und kalt, im Winde / Klirren die Fahnen.“

Theorie und Praxis des Dramas

QUICK-FINDER

Schillers dramentheoretisches Konzept

SCHILLERS IDEE DER ÄSTHETISCHEN ERZIEHUNG Ähnlich wie Lessing weist Schiller dem Theater, das er als eine „moralische Anstalt" begreift, eine Bildungsfunktion zu. Schiller stellt dabei die Idee der Charakterbildung in den Vordergrund, die nach Schiller den Kopf und das Herz umfasst. Die ästhetische Erziehung, so Schiller, beruht dabei auf dem Grundgedanken, dass durch das „Leiden des Helden“ ein „Mitleiden des Zuschauers“ bewirkt werden soll. Schiller formuliert dies auf folgende Weise:

„Daß alle Aufklärung des Verstandes nur insoferne Achtung verdient, als sie auf den Charakter zurückfließt; sie geht auch gewissermaßen von dem Charakter aus, weil der Weg zu dem Kopf durch das Herz muß geöffnet werden. Ausbildung des Empfindungsvermögens ist also das dringende Bedürfnis der Zeit.“

DARSTELLUNG DES MENSCHLICHEN IDEALZUSTANDES
Schiller geht es wesentlich um die Darstellung des menschlichen Idealzustandes und um die Darstellung des Charakterschönen in seinem Vorbildcharakter für den Zuschauer. Schiller zufolge liegt der letzte Zweck der Kunst in der „Darstellung der moralischen Freiheit“, die „nur durch die lebendigste Darstellung der leidenden Natur“ des auf der Bühne stehenden Helden sinnfällig gemacht werden kann. Einzig und allein durch eine in diesem Sinne verstandene pathetische Dramaturgie ist für Schiller der Zweck der Kunst erreichbar.

Wilhelm Tell als Beispiel eines pathetischen Helden

TELLS FREIHEITSKAMPF Schiller schildert in seiner zwischen 1803 und 1804 verfassten und am 17. März 1804 am Weimarer Hoftheater uraufgeführten Dramenfassung den individuellen und kollektiven Freiheitskampf der innerschweizerischen Einheimischen gegen die brutale und willkürliche Herrschaft der habsburgischen Vögte. Im Mittelpunkt des Stücks steht dabei die Auseinandersetzung zwischen dem Freiheitskämpfer Wilhelm Tell und dem Landvogt Geßler.

Der pathetische Charakter des Helden bei Schiller

Schillers Begriff des Pathetischen

Insbesondere vor diesem Hintergrund ist Schillers Begriff des Pathetischen zu interpretieren. Der pathetische Charakter des Helden zeigt sich darin, dass er sich gegen die „Gewalt der Gefühle" wehrt und einen „Widerstand" gegenüber „der Stärke des Angriffs" entwickelt. Indem er dem Theaterpublikum seine moralische Kraft beweist, animiert er den Zuschauer, mit dem tragischen Helden mitzuleiden. Das Leiden des tragischen Helden und das Mitleiden des Zuschauers sind folglich in dramaturgischer Hinsicht die Bedingung dafür, dass die moralische Größe des tragischen Helden deutlich zum Ausdruck kommt. Schiller betont hierbei, dass der Zuschauer den Helden nur dann als einen tragischen Helden wahrnimmt, wenn dieser „erst als empfindendes Wesen bei uns legitimiert" ist, da dies nach Schiller die Voraussetzung dafür ist, dass die Zuschauer ihm „als Vernunftwesen huldigen und an seine Seelenstärke glauben".

Friedrich Schiller: ***Über das Pathetische*** (Textauszug)

Darstellung des Leidens – als bloßen Leidens – ist niemals Zweck der Kunst, aber als Mittel zu ihrem Zweck ist sie derselben äußerst wichtig. Der letzte Zweck der Kunst ist die Darstellung des Übersinnlichen, und die tragische Kunst insbesondere bewerkstelligt dieses dadurch, daß sie uns die moralische Independenz von Naturgesetzen im Zustand des Affekts versinnlicht.

Nur der Widerstand, den es gegen die Gewalt der Gefühle äußert, macht das freie Prinzip in uns kenntlich; der Widerstand aber kann nur nach der Stärke des Angriffs geschätzt

werden. Soll sich also die Intelligenz im Menschen als eine von der Natur unabhängige Kraft offenbaren, so muß die Natur ihre ganze Macht erst vor unsern Augen bewiesen haben. Das Sinnenwesen muß tief und heftig leiden; Pathos muß da sein, damit das Vernunftwesen seine Unabhängigkeit kundtun und sich handelnd darstellen könne.
Man kann niemals wissen, ob die Fassung des Gemüts eine Wirkung seiner moralischen Kraft ist, wenn man nicht überzeugt worden ist, daß sie keine Wirkung der Unempfindlichkeit ist. Es ist keine Kunst, über Gefühle Meister zu werden, die nur die Oberfläche der Seele leicht und flüchtig bestreichen; aber in einem Sturm, der die ganze sinnliche Natur aufregt, seine Gemütsfreiheit zu behalten, dazu gehört ein Vermögen des Widerstandes, das über alle Naturmacht unendlich erhaben ist. Man gelangt also zur Darstellung der moralischen Freiheit nur durch die lebendigste Darstellung der leidenden Natur, und der tragische Held muß sich erst als empfindendes Wesen bei uns legitimiert haben, ehe wir ihm als Vernunftwesen huldigen und an seine Seelenstärke glauben.

(Quelle: Friedrich Schiller: Sämtliche Werke, Auf Grund der Originaldrucke hg. von Gerhard Fricke und Herbert G. Göpfert in Verbindung mit Herbert Stubenrauch, 3. Auflage, München: Carl Hanser, 1962, Band 5, S. 512–513)

Argumentationsstruktur

Schillers Argumentation beginnt einleitend mit der Bestimmung des letzten Zwecks (Darstellung der moralischen Freiheit des Menschen) der Kunst und der Bestimmung desjenigen Mittels, mit dessen Hilfe dieses Ziel erreicht werden soll (Darstellung des Leidens).
Die nachfolgende Argumentation ist zweigeteilt. Im ersten Schritt der Argumentation legt Schiller dar, welcher

Zusammenhang zwischen der Darstellung des Leidens und der Darstellung des Prinzips der Moralität besteht. In diesem Zusammenhang führt Schiller den Begriff des „Pathos“ ein, dessen Erläuterung diesen Teil der Argumentation Schillers abschließt.
Im zweiten Teil der Argumentation untermauert Schiller in Form einer indirekten Gedankenführung die Gültigkeit seiner vorangegangenen Überlegungen: Er wirft hier den Gedanken auf, ob es auch möglich sei, ohne eine Darstellung des Leidens dem letzten Zweck der Kunst gerecht zu werden, Schiller verwirft diesen Gedanken aber wieder, da er ihm nicht plausibel zu sein scheint. Abschließend fasst Schiller seinen Gedankengang zusammen: Der letzte Zweck der Kunst ist demnach die „Darstellung der moralischen Freiheit“, die „nur durch die lebendigste Darstellung der leidenden Natur“ des Helden sinnfällig gemacht werden kann. Einzig und allein durch eine in diesem Sinne verstandene pathetische Dramaturgie ist folglich der Zweck der Kunst erreichbar.

DRAMATISCHER HÖHEPUNKT Seinen dramatischen Höhepunkt hat das Stück in der dritten Szene des dritten Aufzugs. Tell verweigert einem vom Landvogt Hermann Geßler auf einen Stock aufgesteckten Hut den Gruß und wird von dessen Gehilfen verhaftet. Geßler tritt auf und zwingt Tell zur berühmten Apfelschussszene: Tell wird gezwungen, vom Kopf des eigenen Kindes einen Apfel zu schießen, um so beider Leben und Freiheit zu retten. Tell, in dessen Köcher sich zwei Pfeile befinden, wird anschließend von Geßler gefragt, wozu der andere Pfeil bestimmt sei, eine Frage, auf die Tell zunächst ausweicht. Geßler, der die Unsicherheit Tells bemerkt, sichert Tell die Freiheit zu, was immer er auch antworte. Tell gesteht daraufhin, dass der zweite Pfeil für Geßler bestimmt gewesen sei für den Fall, dass er seinen Sohn getroffen hätte. Geßler windet sich nun aus seiner Zusage heraus und lässt Tell fesseln, um ihn gefangenzunehmen.

Auszug aus: **Friedrich Schiller:** *Wilhelm Tell* (Vierter Aufzug, dritte Szene)

TELL (tritt auf mit der Armbrust.)
Durch diese hohle Gasse muß er kommen,
Es führt kein andrer Weg nach Küßnacht – Hier
Vollend ichs – Die Gelegenheit ist günstig.
Dort der Holunderstrauch verbirgt mich ihm,
Von dort herab kann ihn mein Pfeil erlangen,
Des Weges Enge wehret den Verfolgern.
Mach deine Rechnung mit dem Himmel, Vogt,
Fort mußt du, deine Uhr ist abgelaufen.

Ich lebte still und harmlos – Das Geschoß
War auf des Waldes Tiere nur gerichtet,

Meine Gedanken waren rein von Mord –
Du hast aus meinem Frieden mich heraus
Geschreckt, in gärend Drachengift hast du
Die Milch der frommen Denkart mir verwandelt,
Zum Ungeheuren hast du mich gewöhnt –
[...]

Die armen Kindlein, die unschuldigen,
Das treue Weib muß ich vor deiner Wut
Beschützen, Landvogt
[...]
Als du mit grausam teufelischer Lust
Mich zwangst, aufs Haupt des Kindes anzulegen
Als ich ohnmächtig flehend rang vor dir,
Damals gelobt ich mir in meinem Innern
Mit furchtbaren Eidschwur, den nur Gott gehört,
Daß meines *nächsten* Schusses *erstes Ziel*
Dein Herz sein sollte – Was ich mir gelobt
In jenes Augenblickes Höllenqualen,
Ist eine heilge Schuld, ich will sie zahlen.
Du bist mein Herr und meines Kaisers Vogt,
Doch nicht der Kaiser hätte sich erlaubt,
Was *du* – Er sandte dich in diese Lande,
Um Recht zu sprechen – strenges, denn er zürnet –
Doch nicht, um mit der mörderischen Lust
Dich jedes Greuels straflos zu erfrechen,
Es lebt ein Gott, zu strafen und zu rächen.
[...]

Am wilden Weg sitzt er mit Mordgedanken,
Des Feindes Leben ists, worauf er lauert.
– Und doch an euch nur denkt er, lieben Kinder,
Auch jetzt – euch zu verteidgen, eure holde Unschuld

Zu schützen vor der Rache des Tyrannen,
Will er zum Morde jetzt den Bogen spannen!

(Quelle: Friedrich Schiller: Wilhelm Tell. Taschenbücherei Texte & Materialien. Mit Materialien, zusammengestellt von U. Fakler und R. Siegle, Stuttgart, Klettbuch: 262510).

DEUTUNGSHORIZONT In der dritten Szene des vierten Aufzugs kommt es zu einem erneuten Aufeinandertreffen zwischen Tell und Geßler. In der hohlen Gasse bei Küßnacht lauert Tell Geßler auf, um ihn zu töten. Tell rechtfertigt den Tyrannenmord im nachfolgenden Monolog. Tells Monolog zu Beginn der dritten Szene des vierten Aktes enthält im Kern die Rechtfertigung des geplanten und schließlich auch durchgeführten Tyrannenmordes. Wichtig ist dabei, dass die Mordabsicht Tells im Fortgang der Szene eine weitere wichtige Rechtfertigung erfährt: Unmittelbar vor der Ermordung Geßlers kommt es zu einer Auseinandersetzung zwischen Geßler und Armgard, die wegen der Verhaftung ihres Mannes den Landvogt Geßler zur Rede stellt. Geßler macht in der Auseinandersetzung mit Armgard unmissverständlich die brutalen Prinzipien seiner Gewaltherrschaft deutlich („Ich hab den Hut nicht aufgesteckt zu Altorf/Des Scherzes wegen, oder um die Herzen/Des Volks zu prüfen, diese kenn ich längst./Ich hab ihn aufgesteckt, daß sie den Nacken/Mir lernen beugen, den sie aufrecht tragen."), ihm ist es nicht am Wohle des Volkes gelegen, sondern nur an der Ausdehnung des Machtbereiches des Kaisers: „Dies kleine Volk ist uns ein Stein im Weg –/So oder so – es muß sich unterwerfen". Die Rede Geßlers wird nun aber jäh durch den tödlichen Pfeil Tells beendet. Die Reaktion der anwesenden Schweizer dokumentiert das Einverständnis mit dieser Tat: „Wir erdulden/Keine Gewalt mehr. Wir sind freie Menschen."

TELL ALS AUSDRUCK EINES PATHETISCHEN CHARAKTERS

Nach Schiller kann nur von Pathos gesprochen werden, wenn eine Verhaltens- oder Charakterdisposition des Helden vorliegt, die im Widerspruch zu einer moralisch gebotenen Handlung steht. Der hieraus entstehende innere Konflikt des Helden und sein Ringen um die ‚richtige' Entscheidung muss vom mitleidenden Zuschauer nachempfunden werden können. Genau dies ist im Monolog Tells der Fall: Der früher „still und harmlos" (V. 2703) lebende Tell, dessen Gedanken stets „rein von Mord" (V. 2705) waren, sieht sich gezwungen, seine Familie und letztlich auch sein Land verteidigen zu müssen. Tell leidet dabei in einem doppelten Sinne. Zum einen unter der ihm und seiner Familie angetanen Schmach Geßlers, zum anderen darunter, dass er gegen sein eigentlich friedfertiges Naturell handeln muss. Dieser innere Konflikt ist der eigentliche Ausdruck seines pathetischen Charakters: Der Zuschauer sieht mit an, wie Tell sich gegen sein Naturell für den Tyrannenmord entscheidet.

GLIEDERUNG UND DEUTUNG DES MONOLOGS TELLS

Gliederung	Deutung
Der Monolog Tells beginnt mit der Ankündigung seiner Mordabsicht:	„Durch diese hohle Gasse muß er kommen, / […] Hier / Vollend ichs […]" (V. 2695–97). Die eigentliche Rechtfertigung der geplanten Tat (V. 2701–31) beinhaltet persönliche (V. 2703–22) und politische (V. 2722–31) Motive.

5

Zunächst gibt Tell zu erkennen, dass er eigentlich ein friedliebender Mensch sei, der aber durch die Taten Geßlers aus seinem „Frieden“ gerissen worden sei: „Ich lebte still und harmlos“	Tell spricht in diesem Zusammenhang davon, dass seine „fromme(n) Denkart“ sich „in gärend Drachengift“ verwandelt habe (V. 2703–07).
Tell nennt in seinem Monolog die Ursache des Wechsels seiner Gemütsverfassung, er führt sie zurück auf die Bedrohung seiner Familie durch Geßler:	„Die armen Kindlein, die unschuldigen, / Das treue Weib muß ich vor deiner Wut / Beschützen, Landvogt [...]“ (V. 2712–14).
Die Erniedrigung, die Tell in der berühmten Apfelschussszene erfährt, lässt in ihm den Entschluss zur Ermordung Geßlers reifen, die Tell selbst als „heilge Schuld“ (V. 2724) ansieht.	Der Plan, Geßler zu ermorden, ist hierbei aber nicht nur durch persönliche Gründe motiviert, sondern auch Geßlers rücksichtslose Interpretation seiner Machtbefugnisse (V. 2727–31) lässt das Vorhaben Tells als gerechtfertigt erscheinen.

Formen der Dichtung: Schillers und Goethes Dramen

QUICK-FINDER

Schiller, *Don Karlos*

HISTORISCHER HINTERGRUND *Don Karlos*, Infant von Spanien, ist ein **dramatisches Gedicht in fünf Akten**. Friedrich Schiller verfasste das Drama in den Jahren von 1783 bis 1787. Den geschichtlichen Hintergrund des Dramas bildet der Freiheitskampf der Niederlande gegen Spanien, also der Kampf der Anhänger der Reformation auf niederländischer Seite mit dem katholischen Spanien zur Zeit der Inquisition. Schillers Drama ist dabei nicht nur eine politische Tragödie, sondern zugleich auch ein Liebes-, Familien- und Freundschaftsdrama: Don Karlos, der die Sache der Niederländer zusammen mit seinem Freund Posa vertritt, steht seinem Vater, König Philipp von Spanien, gegenüber und findet, wie sein Freund Posa, den Tod.

HANDLUNGSSTRUKTUR UND MOTIVKREISE Schillers *Don Karlos* ist nicht nur inhaltlich aufgrund seiner komplizierten Handlungsstruktur und der **Verknüpfung mehrerer Motivkreise** (politisches Drama, Freundschaftsdrama, Familientragödie), sondern auch aufgrund seiner formalen Struktur schwierig zu erfassen.

UNTERSCHIEDLICHE EPOCHENEINFLÜSSE Einerseits steht das Werk im so genannten **Blankvers**, also im fünfhebigen Jambus, auch folgt es im Wesentlichen dem Modell der geschlossenen Dramenform, andererseits zeigt es auf der Ebene der **Figurenzeichnung** (Don Karlos, Posa, Elisabeth) sowie auf der Ebene der Ausgestaltung der thematischen **Motive** (Freundschaft, Freiheitsstreben, Staatsräson) unterschiedliche Epocheneinflüsse, sodass das **Drama an der Grenze zwischen Sturm und Drang** auf der einen **und der Klassik** auf der anderen Seite anzusiedeln ist.

DIE DRAMATISCHE BAUFORM DES DON KARLOS	
Einheit des Ortes	*Don Karlos* spielt an verschiedenen Orten, in Aranjuez und Madrid, dort allerdings auch in verschiedenen Räumen und Gebäuden (Schloss, Gefängnis etc.).

Einheit der Zeit	Die Zeitspanne der Handlung in *Don Karlos* umfasst ca. 5 Tage. Somit verstößt Schiller streng genommen gegen die aristotelische Forderung nach der Einheit der Zeit, die „24-Stunden-Regel“.
Einheit der Handlung	Die Forderung nach der Einheit der Handlung dagegen ist gegeben, da die Handlung zielstrebig in einer durchgehenden Spannungskurve auf das Ende hindrängt.
Ständeklausel	Die Figuren des Stücks entstammen entweder dem Königshaus und dem Adel (Don Karlos, Philipp II, Marquis von Posa, Herzog Alba) oder dem Klerus (Domingo).

VERHÄLTNIS ZUR ARISTOTELISCHEN POETIK In *Don Karlos* orientiert sich Schiller mehr als in seinen früheren Stücken, wie etwa den *Räubern*, an den dramaturgischen Forderungen der aristotelischen Poetik, wie sie im 18. Jh. rezipiert worden ist. Die Einheit von Ort und Zeit ist allerdings weniger gegeben als die der Handlung und die Erfüllung der Ständeklausel.

INHALTSZUSAMMENFASSUNG In der Sommerresidenz Aranjuez treffen Don Karlos und sein Jugendfreund Marquis von Posa, Abgeordneter der niederländischen Provinzen, zusammen. Posa will Karlos davon überzeugen, sich als Statthalter in die unruhige Provinz Flandern schicken zu lassen. Der Prinz hingegen erzählt seinem Freund verzweifelt, dass er noch immer seine ehemalige Verlobte Elisabeth liebe, die nun die Frau seines Vaters König Philipp geworden ist.

Posa arrangiert daraufhin ein Treffen zwischen Karlos und der Königin, in dessen Verlauf Karlos seiner Stiefmutter seine Liebe gesteht, die diese Avance jedoch ausschlägt.
Zurück in Madrid bittet Karlos den König um die Statthalterschaft. König Philipp aber misstraut seinem Sohn und beauftragt den Herzog von Alba. Währenddessen erhält Karlos einen Liebesbrief der Prinzessin Eboli, glaubt aber fälschlicherweise, dieser stamme von Elisabeth. Karlos folgt der darin enthaltenen Aufforderung, sich in ein entlegenes Kabinett des Schlosses zu begeben, findet dort jedoch zu seiner Überraschung die Prinzessin Eboli vor, die, als ihr bewusst wird, dass Karlos seine Stiefmutter liebt, beschließt, sich an Karlos zu rächen. Währenddessen spinnen der Herzog Alba und Pater Domingo an einer Intrige gegen Karlos. Ihnen gelingt es, die Prinzessin Eboli dazu zu überreden, dem König, der seinerseits der Prinzessin nachstellt, von Karlos' heimlicher Liebe zu berichten. Sie fordern sie auf, belastende Schriftstücke, die sich im Besitz der Königin befinden, zu stehlen. Herzog Alba enthüllt dem in der Zwischenzeit misstrauisch gewordenen Philipp das Treffen zwischen Karlos und Elisabeth und Domingo berichtet dem König von Gerüchten innerhalb des Volkes, wonach die Infantin nicht das leibliche Kind des Königs sei. Philipp entschließt sich, Frau und Sohn töten zu lassen.
Er wähnt sich von allen verlassen und verfällt auf den Gedanken, den Marquis von Posa zu seinem Berater zu ernennen. Posa weist die Bitte des Königs zunächst zurück, was den König beeindruckt, der daraufhin Posa zum Minister ernennt und ihn mit der Untersuchung des Verhältnisses zwischen Karlos und der Königin betraut.

Posa eilt daraufhin zu Elisabeth. Beide schmieden einen Plan: Unter der Führung Karlos' soll der Aufstand geprobt werden. Posa übergibt Karlos daher einen Brief der Königin und erbittet im Gegenzug dessen Brieftasche. Die Königin, die unterdessen den Verlust einiger ihrer Briefe entdeckt, bezichtigt den König des Diebstahls, es kommt zu einem Streit der beiden. Posa überbringt dem König die Brieftasche Karlos', Philipp entdeckt darin den Brief der Prinzessin Eboli an seinen Sohn, woraufhin er den Marquis mit uneingeschränkten Handlungsvollmachten ausstattet und einen Haftbefehl gegen den Infanten erlässt.

Graf Lerma trägt diese Vorkommnisse Karlos zu, der daraufhin bestürzt zur Prinzessin Eboli eilt, in der er seine letzte Vertraute sieht. Dort verhaftet ihn Posa, währenddessen die Eboli der Königin den Diebstahl der Briefe gesteht. Posa hingegen sucht Karlos im Gefängnis auf und klärt ihn über die vergangenen Geschehnisse und seine Handlungsabsichten auf. Als Herzog Alba erscheint, um Karlos die Freiheit zu schenken, weigert sich Karlos das Gefängnis zu verlassen, weil er die Freiheit nur vom König selbst empfangen will. Nach Albas Abgang berichtet Posa vom Verrat der Eboli und enthüllt nun dem Infanten seinen Plan, sich für den Freund zu opfern. Als Posa tödlich getroffen zu Boden sinkt, der Schuss ist nur von Ferne zu hören, erscheint der König, um seinen Sohn aus dem Gefängnis zu entlassen, wird von diesem aber abgewiesen der Ermordung Posas wegen. Ein Offizier der Leibwache berichtet von einem Aufstand der Bürger in der Stadt, die Karlos' Befreiung erzwingen wollen, und Lerma überredet den Thronfolger zur Flucht nach Brüssel. Der König ist fassungslos darüber, dass Posa sich für seinen Freund geopfert hat. Der Großinquisitor führt dem König dessen Fehler vor Augen und verlangt die Auslieferung des Infanten, der im Zimmer der Königin von Philipp dem Großinquisitor übergeben wird.

DER AUFBAU DES DON KARLOS

1. Akt (Exposition)	Verhängnisvolle Liebe des Prinzen. Neuerliches Bekenntnis des Prinzen zum Freiheitsideal und zum politischen Engagement.
2. Akt (erregendes Moment)	Karlos' Rückfall und die dadurch angelegten Schwierigkeiten (die Feindschaft der Eboli und des Herzogs Alba). Am Aktschluss wird Karlos durch Posas Eingreifen zur Besinnung gebracht.
3. Akt (Höhepunkt)	Die scheinbare Möglichkeit einer Verständigung zwischen dem absolutistischen Monarchen und dem Vorkämpfer der Freiheit.
4. Akt (retardierendes Moment)	Umschwung der Handlung durch die im 2. Akt angelegte Intrige und die dadurch notwendig werdende Aktion Posas, bis hin zum Scheitern Posas und zum Triumphieren der Hofpartei am Aktschluss.
5. Akt (Katastrophe)	Karlos' Scheitern in der Realität im Augenblick der inneren Vollendung.

Goethe, *Iphigenie auf Tauris*

KLASSISCHE DEUTUNG EINES ANTIKEN STOFFES Zu den Schlüsseltexten der Klassik gehört Goethes *Iphigenie auf Tauris* (1787), in deren Mittelpunkt das sich wandelnde Verhältnis der Menschen zu den Göttern steht.

INHALTSZUSAMMENFASSUNG Iphigenie, die von ihrem Vater Agamemnon zum Sühneopfer bestimmt wurde, wird von der Göttin Diana, der sie als Priesterin dient, nach Taurien gebracht. Iphigenie gelingt es, König Thoas dazu zu bewegen, die Menschenopfer abzuschaffen. Thoas reagiert entzürnt und befiehlt, zwei auf der Insel gelandete Fremdlinge zu opfern. Dabei handelt es sich, ohne dass Iphigenie dies weiß, um ihren Bruder Orest und dessen Freund Pylades. Orest, der Klytämnestra, die Mutter der beiden, erschlagen hat, weil sie die Schuld am Tode Agamemnons trägt, wird von den Rachegöttinnen, den Furien, verfolgt. Unter der Bedingung, dass es Orest gelingt, Iphigenie zurück nach Griechenland zu bringen, versprach ihm der Gott Apollo die Erlösung von seiner Schuld. Orest missversteht jedoch einen entsprechenden Orakelspruch und ist fälschlicherweise der Ansicht, er müsse ein Bildnis der Göttin Diana nach Griechenland bringen. Als Thoas verlangt, dass Iphigenie, die zwischenzeitlich die Identität der beiden Fremden kennt, den Ritualmord an ihrem Bruder vollziehen soll, gerät sie in einen ausweglosen Konflikt. Sie sieht sich durch den Plan von Orest, das Bildnis der Göttin Diana zu rauben und mit Iphigenie nach Griechenland zurückzukehren, in ihrer Integrität verletzt. Zur Lüge unfähig tritt sie vor Thoas und offenbart ihm die Absicht ihres Bruders. Thoas erweist sich in dieser Situation als humaner Fürst und stimmt der Rückkehr zu.

Goethe, *Faust*

Entstehungsgeschichte

Goethe arbeitete bis kurz vor seinem Tode an der dramatischen Umsetzung der Faust-Sage, die seit dem 15. Jahrhundert in Umlauf war und die seit der zweiten Hälfte des 16. Jahrhunderts schriftlich festgehalten wurde.

Epochenzuordnung

Das Drama entzieht sich einer eindeutigen Epochenzuordnung. Goethe begann die Arbeit am *Faust* vermutlich spätestens zwischen 1772/1773, also noch zur Zeit des Sturm und Drang. Er veröffentlichte 1790 eine erste fragmentarische Fassung, bearbeitete den Stoff jedoch weiter und gab 1808 unter dem Titel *Faust, Eine Tragödie* den ersten Teil des Faust-Dramas heraus. Zwischen 1825 und 1831 vollendete Goethe den zweiten Teil des Dramas, veröffentlichte ihn jedoch nicht zu Lebzeiten. Erst nach seinem Tod erschien der zweite Teil des Dramas im Jahre 1832 unter dem Titel *Faust II* auf Veranlassung der Nachlassverwalter.

Stoffgeschichte

Die Faust-Sage geht auf die historisch verbürgte Figur eines Schulmeisters zurück, um die sich schon zu Lebzeiten Legenden bildeten. Dieser Schulmeister, der vermutlich den Namen Georg trug und zwischen 1480 und 1536/39 lebte, galt bei den Zeitgenossen als eine seltsame Gestalt, die ein unstetes Leben führte und sich unter anderem mit astrologischen Fragen, der Erstellung von Horoskopen, aber auch mit Quacksalbereien beschäftigte. Literarisch bedeutsam ist die Niederschrift *Historia von D. Johann Fausten dem weitbeschreyten Zauberer und Schwartzkünstler,* die 1587 von dem Frankfurter Buchhändler Spiess herausgegeben wurde. Diese Bearbeitung des Faust-Stoffes verbindet Tatsachen aus dem Leben des historischen Faust mit Schwankgeschichten und Spekulationen über Himmel und Hölle und enthält auch schon eine Schilderung des Paktes zwischen Faust und Mephisto.

Die Puppenspielfassung

Um 1590 dramatisierte in England **Christopher Marlowe** den Stoff, der seit der Aufklärung auf deutschen Wanderbühnen als Puppenspiel aufgeführt wurde.

Die Kindsmörderin Margaretha Brandt

Goethe, der die Puppenspielfassung des Fauststoffes kannte, verbindet im ersten Teil der Tragödie Elemente der dramaturgischen Bearbeitung Marlowes (die bereits schon den berühmten Anfangsmonolog enthält, in dem Faust sich von den Wissenschaften enttäuscht zeigt und sich der Magie zuwendet) mit dem authentischen Fall der Kindsmörderin Susanna Margaretha Brandt, die am 14. Januar 1772 in Frankfurt hingerichtet wurde. Goethe, der Teile der Gerichtsakten kannte, fand hier das Vorbild für die Gretchentragödie.

Gelehrten- und Gretchentragödie

Der erste Teil umfasst die Gelehrtentragödie, die die Verzweiflung Fausts an den Wissenschaften, seine Hinwendung zur Magie und seinen Pakt mit dem Teufel zum Thema hat, und die in einer Katastrophe endende Gretchentragödie.

Nachdem Faust erkennt, dass die Wissenschaften sein unbedingtes Streben nach Erkenntnis und Wahrheit nicht befriedigen können, verschreibt er sich der Magie und lässt sich auf einen Pakt mit dem Teufel ein, der ihm in der Gestalt Mephistos erscheint. Mephisto versucht

Fausts rastlose Gier zu stillen, indem er ihm immer neue Reize zu bieten versucht, da er vermeintlich nur so die von Faust formulierten Bedingungen des Paktes erfüllen kann:

„Werd' ich zum Augenblicke sagen:
Verweile doch! du bist so schön!
Dann magst du mich in Fesseln schlagen,
Dann will ich gern zugrunde gehen!"

Die Tragödie endet in einer Katastrophe: Faust verführt unter Mithilfe Mephistos Gretchen, in der er ein Abbild der Göttin Helena zu sehen glaubt. Beide, Gretchen und Faust, sind jedoch der Situation nicht gewachsen: Das unbedarfte Gretchen wird zur Kindsmörderin, endet im Kerker und verfällt dem Wahnsinn, Faust verzweifelt an seiner Schuld und scheint zu resignieren.

Faust II

In *Der Tragödie zweiter Teil* verwirkt Faust endgültig sein Leben an Mephisto, wird aber ähnlich wie Gretchen am Ende *Der Tragödie erster Teil*, in dem die Seele Gretchens gerettet wird, weil sie sich vorbehaltlos zu Gott bekennt, durch himmlische Heerscharen gerettet.
Im zweiten Teil der Tragödie rückt die individuelle Tragik der Figur des Faust in den Hintergrund. Im Vordergrund steht vielmehr die Entwicklung einer gewaltigen Bilderwelt, deren faustische Bewältigung zum Grundmotiv eines die wesentlichen Grundphänomene des Lebens umfassenden theatralischen Entwurfes wird: Faust wird zum Sinnbild für den Versuch der Ergründung und Beherrschung der Welt und ihrer realen und metaphysischen Abgründe.

Formen der Dichtung: Die Epik Kleists

QUICK-FINDER

Heinrich von Kleist

PROBLEM DER EPOCHENZUORDNUNG Neben Goethe und Schiller wirken in dieser Zeit vor allem **Friedrich Hölderlin** (1770–1843), **Heinrich von Kleist** (1777–1811), **Jean Paul** (1763–1825) sowie auch schon die Dichter der Romantik, die sich als geschlossene Gruppe abheben. Autoren wie Hölderlin, Kleist und Jean Paul können auf Grund der inneren Struktur ihrer Dichtungen weder der Klassik noch der Romantik eindeutig zugeordnet werden.

BETONUNG DER DISHARMONIE Kleists Werke entziehen sich dem klassischen Streben nach Harmonie. Im Gegensatz zu Schiller zieht er aus der Philosophie Kants den Schluss, dass es **keine Möglichkeit zur Erkenntnis** der Wahrheit gibt. Kleists Werke enden allesamt in **menschlichen Katastrophen.** Seine Erzählungen haben die Eigentümlichkeit, dass von diesen Katastrophen vordergründig auf eine fast teilnahmslose Weise berichtet wird.

Heinrich von Kleist, *Tagesbegebenheit*
Dem Kapitän v. Bürger, vom ehemaligen Regiment Tauentzien, sagte der, auf der neuen Promenade erschlagene Arbeitsmann Brietz: der Baum, unter dem sie beide ständen, wäre auch wohl zu klein für zwei, und er könnte sich wohl unter einen andern stellen. Der Kapitän Bürger, der ein stiller und bescheidener Mann ist, stellte sich wirklich unter einen andern: worauf der Brietz unmittelbar darauf vom Blitz getroffen und getötet ward.

KÜHLER ERZÄHLSTIL Hinter Kleists überaus kühlem Erzählstil verbirgt sich eine erschreckend rätselhafte und abgründige Welt, die mit Wendungen wie „es schien" und „als ob" ständig in Frage gestellt wird, ein Erzählstil, der wesentlich ein Resultat der Auseinandersetzung Kleists mit Kant ist. In einem Brief an Wilhelmine von Zenge vom 22. März 1801 schreibt Kleist: „Wir können nicht entscheiden, ob das, was wir Wahrheit nennen, wahrhaft Wahrheit ist, oder ob es uns nur so scheint."

Kleists Erzählung *Das Erdbeben in Chili*

DESTRUKTIVITÄT DER MENSCHLICHEN EXISTENZ Insbesondere zeigt sich das Motiv der Destruktivität der menschlichen Existenz und der Abgründigkeit der Welt in Kleists Erzählung *Das Erdbeben in Chili.*

INHALTSZUSAMMENFASSUNG Die Erzählung beginnt äußerst fulminant: Josephe, die Tochter eines angesehenen Bürgers von St. Jago im Königreich Chili, sinkt als Novizin in einer Nonnenprozession in Mutterwehen nieder. Sie wird daraufhin zum Tode verurteilt. Ihr Liebhaber Jeronimo ist verzweifelt darüber und hegt die feste Absicht, sich in seiner Gefängniszelle zu erhängen. Am Tage der Hinrichtung legt jedoch ein Erdbeben alles – die Gebäude der Stadt und die gesellschaftliche Ordnung – in Schutt und Asche. Josephe und Jeronimo gelingt die Flucht. Sie finden sich in einem Tal wieder, das auch anderen Flüchtenden als Heimstätte dient. Dort geben sich die Menschen zunächst wie eine große Familie. Dieses Idyll im Tal der zerstörten Stadt stellt jedoch nur scheinbar eine Vision einer besseren, natürlichen Ordnung des menschlichen Zusammenlebens dar. Anlässlich eines Gottesdienstes in einer Kirche demaskiert sich diese neue Ordnung und die Geschehnisse eskalieren. Im Anschluss an die Rede eines Priesters übt die hiervon aufgestachelte Menschenmenge Lynchjustiz, bei der es zu einer Reihe von Verwechslungen und vielen Toten kommt: Don Fernando wird irrtümlich für Jeronimo gehalten und kann nur der Lynchjustiz entkommen, weil Jeronimo seine Identität preisgibt. Darauf wird Jeronimo getötet und bald darauf auch Josephe. Don Fernando verliert seinen Sohn, weil dieser mit dem kleinem Philipp, dem Sohn Jeronimos und Josephes verwechselt wird. Die Erzählung endet damit, dass der überlebende Don Fernando von nun an das uneheliche Waisenkind an Stelle seines eigenen Kindes großzieht.

6 Romantik

Grundlagen

QUICK-FINDER

Überwindung alltäglicher Grenzen

POETISIERUNG DES LEBENS „Kehre deinen Blick von allem, was dich umgibt, ab und in dein Inneres, ist die erste Forderung, welche die Philosophie an ihre Lehrlinge tut. Es ist von nichts, was außer dir ist, die Rede, sondern lediglich von dir selbst." Der Philosoph **Johann Gottlieb Fichte** drückt den Kerngedanken der Dichtung der Romantik aus, in deren Zentrum die **Sehnsucht** nach der **Überwindung alltäglicher Begrenzungen** und das **Verlangen nach unbeschränkter Freiheit** steht. Die Romantiker wenden sich der Welt der Phantasie, der Träume und des Unterbewusstseins des Menschen zu, da sie die nicht verwirklichten Möglichkeiten und Sehnsüchte des Menschen zu ergründen suchten. Novalis drückt dies in seinen aphoristischen Fragmenten so aus:
[...] „nach innen geht der geheimnisvolle Weg. In uns, oder nirgends ist die Ewigkeit mit ihren Welten – die Vergangenheit und die Zukunft" (**Novalis**, *Vermischte Bemerkungen 17*).

VERSCHMELZUNG VON LEBEN UND KUNST Die Romantiker arbeiten auf eine Verschmelzung von Leben und Kunst hin; ihr Ziel war es, alle Lebensbereiche zu poetisieren und damit ein **universelles Gesamtkunstwerk** zu schaffen, das alle künstlerischen Gattungen und alle wissenschaftlichen Disziplinen miteinbeziehen wollte.

PROGRESSIVE UNIVERSALPOESIE Das romantische Dichtungsverständnis ist **subjektiv** und **universal** zugleich und versteht sich einer Formulierung **Friedrich Schlegels** zufolge als progressive Universalpoesie: Das Subjekt versucht sich selbst zu ergründen, indem es alle Lebensbereiche vermischt und zu verschmelzen versucht.

6

KENNZEICHEN DER PROGRESSIVEN UNIVERSALPOESIE	
Prinzip der Subjektivität	Prinzip der Universalität
Ergründung des Ichs	Poetisierung und Romantisierung aller Lebensbereiche
Suche nach dem Geheimnisvollen und Wunderbaren	Verschmelzung von Malerei und Musik, Naturwissenschaften und Medizin, Philosophie und Ästhetik, Religion, Pädagogik, Geschichte und Staatstheorie
„Die romantische Poesie ist eine progressive Universalpoesie. Ihre Bestimmung ist nicht bloß, alle getrennten Gattungen der Poesie wieder zu vereinigen und die Poesie mit der Philosophie und Rhetorik in Berührung zu setzen. Sie will und soll auch Poesie und Prosa, Genialität und Kritik, Kunstpoesie und Naturpoesie bald vermischen, bald verschmelzen." **(Friedrich Schlegel,** ***116. Athenäumsfragment*****)**	

Grundmotive der romantischen Dichtung

MITTELALTERBEGEISTERUNG Neben dem Versuch, die **Welt zu poetisieren** und das **Ich des Menschen zu ergründen**, sind für das Verständnis der Romantik eine neu entstehende Mittelalterbegeisterung, das Motiv der **Sehnsucht** und die **romantische Ironie** von entscheidender Bedeutung. Der romantische Weg nach innen nimmt eine Fülle unterschiedlicher Formen an: Die Romantiker weiten den Literaturbegriff aus und schließen die **Volkspoesie** ausdrücklich mit ein. Die *Kinder- und Hausmärchen* der **Brüder Grimm** werden zur Weltliteratur. **Clemens Brentano** und **Achim von Arnim** geben die erste große Sammlung deutscher Volkslieder unter dem Titel *Des Knaben Wunderhorn* (1805–1808) heraus.

EPOCHENMERKMALE Kennzeichen der Dichtung der Romantik sind:

- Der Ausdruck **Romantik** leitet sich vom Wort **Roman** ab und bezeichnete zunächst etwas Erdachtes, Unwirkliches.
- Die von den Sinnen wahrgenommene Wirklichkeit ist den Romantikern nur Schein. Die wahre Wirklichkeit liegt hinter den Dingen und erschließt sich nur dem **ahnenden Gefühl**, der Vision und der Phantasie.
- Die **Welt der Phantasie** ist den Romantikern die eigentliche Wirklichkeit. Mehr als die Wirklichkeit zählen die Möglichkeiten, das eigene Ich zu entwerfen. Die konkrete Realität des Ichs ist nur eine seiner Möglichkeiten, damit aber eine Beschränkung des Ichs.
- Die Romantiker fordern den **Durchbruch ins Grenzenlose**, sprengen die Fesseln dichterischer Formen und betonen die spannungsreiche Vielfalt des Lebens.
- Hauptkennzeichen der romantischen Literatur ist die **romantische Ironie**. Die Ironie erfüllt den Zweck, das Ich aus der Wirklichkeit zu entgrenzen und ihm die Fülle seiner Möglichkeiten aufzuzeigen.
- Die Romantiker treibt die **Sehnsucht nach dem Unendlichen** und die Frage nach dem Urgrund allen Lebens, nach dem Ziel des Weltgeistes.

Die progressive Universalpoesie als Antwort auf die deutsche Klassik

ROMANTISCHE SEHNSUCHT Im Gegensatz zur Klassik geht es den Dichtern der Romantik nicht um die Vervollkommnung oder die Persönlichkeitsbildung des Menschen, sondern um die möglichst **unbegrenzte Entfaltung** seines **Inneren**. Die Romantiker lehnen das klassische Bedürfnis nach Gesetz, Maß und Regel ab. Da ihre Sehnsucht nicht ans Ziel kommen kann, muss die romantische Literatur per se unvollendet sein.

KLASSIK	ROMANTIK
Hinwendung zur **Antike**	Hinwendung zum **Mittelalter**
Bedürfnis nach Gesetz, Maß, Regel und **Harmonie**	Hochschätzung der **inneren Natur** des Menschen
das **in sich ruhende Kunstwerk**	das nie abgeschlossene, **fragmentarische Kunstwerk**

PERIODEN DER ROMANTIK		
Frühromantik	**Hochromantik**	**Spätromantik**
Jena	Heidelberg	Berlin
Auseinandersetzung mit der **Französischen Revolution** und deutschen Klassik	Auseinandersetzung mit den **Befreiungskriegen**	Auseinandersetzung mit der **Restaurationspolitik** Metternichs
Abwendung von den **antiken Mustern**; Rückbesinnung auf die mittelalterliche Dichtung, die als „romantisch“ bezeichnet wurde	Sammlung und Herausgabe der Zeugnisse der **mittelalterlichen Dichtung** und der **Volkspoesie**	Viele Dichter der Romantik kehrten zum katholischen Glauben zurück oder konvertierten; **negativ-nihilistische Strömungen**
August Wilhelm und Friedrich Schlegel, Novalis, Ludwig Tieck, Clemens Brentano	**Clemens Brentano, Achim von Arnim, Jacob und Wilhelm Grimm, Ludwig Tieck, Joseph von Eichendorff**	**Joseph von Eichendorff, E.T.A. Hoffmann**
Gelegentlich werden auch die Vertreter der so genannten **Schwäbischen Romantik** zur Epoche gezählt wie etwa der Balladendichter **Ludwig Uhland** und der Märchendichter **Wilhelm Hauff**.		

6

Formen der Dichtung: Lyrik, Novelle, Kunstmärchen und Märchendrama

QUICK-FINDER

Novelle, Kunstmärchen und Märchendrama

ROMANTISCHE STIMMUNGSBILDER Joseph von Eichendorffs Novelle *Aus dem Leben eines Taugenichts* ist das bis heute wohl meistgelesene Werk der Romantik. Wichtig für das Verständnis ist, dass nicht die nur lose geknüpfte Handlung im Vordergrund steht, sondern Stimmungsbilder (Traumseligkeit, Wanderlust, Sommernächte, Paläste, Gärten, Glück, Liebe und Gesang), die um das Wunschbild unbeschwerter Daseinsfreude kreisen.

INHALTSZUSAMMENFASSUNG: AUS DEM LEBEN EINES TAUGENICHTS Die Handlung ist verblüffend einfach: Mit einer Geige unter dem Arm geht ein Müllersohn auf Wanderschaft. Als Gärtner und Zöllner liebt er eine vermeintliche Schlossdame. Wandernd und fahrend kommt er nach Italien und schließlich nach verwirrenden Abenteuern auf ein Schloss in der Nähe von Wien, wo seine Hochzeit mit einer angeblichen Gräfin, die in Wirklichkeit die Nichte des Pförtners ist, stattfindet.

POETISCHE VERZAUBERUNG DER WELT Dieses Motiv erfährt in der Spätromantik eine weitere Steigerung. Das romantische Kunstmärchen *Der Goldene Topf* (1814) von **E.T.A. Hoffmann** (1776–1822) erzählt die Geschichte des Studenten Anselmus, der die Welt mit den Augen eines Poeten betrachtet und verwandelt, sodass letztlich ungewiss wird, was Wirklichkeit und was Traum ist.

INHALTSZUSAMMENFASSUNG: DER GOLDENE TOPF Die Phantasiewelt wird zur eigentlichen Realität. Der Alltag nimmt gespenstische und bestürzende Züge an: Anselmus verliebt sich unter einem Holunderbaum in ein grünes Schlänglein. Im Hause des Archivarius Lindhorst, der in Wahrheit ein Geisterfürst ist, gewinnt er die Tochter Serpentina, die sich als das grüne Schlänglein entpuppt.

MÄRCHENDRAMA Die Frage nach dem Verhältnis von Wirklichkeit und Phantasie spielt auch in dem **Märchendrama** *Der gestiefelte Kater* von **Ludwig Tieck** (1773–1853) die entscheidende Rolle.

TIECK, DER GESTIEFELTE KATER In dieser 1797 veröffentlichten Komödie verarbeitet Tieck den Stoff des Märchens *Le chat botté* von **Charles Perrault**, in dem er vordergründig einen missglückten Theaterabend auf die Bühne bringt, bei dem eine fiktive Theatergruppe versucht, die Geschichte des gestiefelten Katers auf die Bühne zu bringen. Tieck nimmt in diesem Stück parodistisch Bezug auf zur damaligen Zeit berühmte Autoren und Werke, unter anderem auf die Stücke von **Iffland** und **Kotzebue** sowie auf **Schillers** Dramen *Don Karlos* und *Die Räuber*.

SCHEINBARE AUFHEBUNG DER TRENNUNG ZWISCHEN THEATER UND WIRKLICHKEIT In diesem Drama verzichtet Ludwig Tieck als einer der ersten Autoren auf den Versuch, seinem Publikum „vernünftige Illusionen“ zu liefern, da er scheinbar die Grenze zwischen Spiel und Wirklichkeit beziehungsweise zwischen Schauspieler und Publikum aufhebt. So kommentieren als Zuschauer verkleidete Schauspieler während der Aufführung das Bühnengeschehen oder beginnen Unterhaltungen mit ihren Schauspielerkollegen auf der Bühne oder es finden bei geöffnetem Vorhang Regieabsprachen statt. Der Eingriff der fiktiven Zuschauer in das scheinbare eigentliche Bühnengeschehen weist Parallelen zu den Verfremdungseffekten des epischen Theaters Brechts auf, stehen aber im Unterschied zu Brechts Lehrfunktion im Dienste der romantischen Ironie.

Lyrik: Scheinbare Kunstlosigkeit als literarische Technik

Volksliedton

Die Lyrik der Romantik beruht auf einer Erneuerung des Volksliedes und bedient sich einer **scheinbar einfachen und eingängigen Form**. Im Mittelpunkt der Dichtung stehen **Volkstypen** (wie Fischer, Müller, Student, Spinnerin) und **typische Situationen** (wie Wandern, Fahrt, Jagd), die jedoch hinsichtlich der romantischen **Ideen** (das Wunderbare und Geheimnisvolle, Sehnsucht, Doppelbödigkeit von Wirklichkeit und Phantasie) übersteigert werden.

Clemens Brentano, *Der Spinnerin Nachtlied*

Es sang vor langen Jahren
Wohl auch die Nachtigall,
Das war wohl süßer Schall,
Da wir zusammen waren.

Ich sing' und kann nicht weinen,
Und spinne so allein
Den Faden klar und rein
So lang der Mond wird scheinen.

Als wir zusammen waren,
Da sang die Nachtigall
Nun mahnet mich ihr Schall
Daß du von mir gefahren.

So oft der Mond mag scheinen,
Denk' ich wohl dein allein,
Mein Herz ist klar und rein,
Gott wolle uns vereinen.

Seit du von mir gefahren,
Singt stets die Nachtigall,
Ich denk' bei ihrem Schall,
Wie wir zusammen waren.

Gott wolle uns vereinen
Hier spinn' ich so allein,
Der Mond scheint klar und rein,
Ich sing' und möchte weinen.

Analyse

Sprachliche Struktur

Das Gedicht besteht aus 6 gleichmäßig aufgebauten Quartetten. Der Reim ist durchgehend umarmend (abba / cddc / abba / cddc / abba / cddc) und beruht auf insgesamt lediglich vier Endreimen: -aren, -all, -einen und -ein. Zu beachten ist auch der alternierende Wechsel der Tempusformen zwischen Präsens (Strophe 2, 4, 6) und Präteritum (Strophe 1, 3, 5)

Inhaltliche Struktur

Das Gedicht gibt in Rollenrede den Monolog eines ihren Geliebten beweinenden Mädchens wieder, das am Spinnrad sitzt. In die Gegenwart des Gesangs mischen sich Erinnerungen an die glückliche Vergangenheit sowie die Hoffnung auf die zukünftige Aufhebung dieses Zustandes der Trennung („Gott wolle uns vereinen").

Motiv der Sehnsucht

Die Erlösungshoffnung des lyrischen Ichs bleibt dabei unerfüllt. Das immerwährende Scheinen des Mondes belegt die Endgültigkeit der Trennung und die Vergeblichkeit der Hoffnung.

Erleben der Gegenwart
Das gegenwärtige Erleben des lyrischen Ichs ist qualvoll, selbst das „Weinen“ mag nicht mehr gelingen: „Ich sing’ und kann nicht weinen“, stilistisch betont durch die Monotonie des Gesangs und des Gleichlaufs des Spinnrads.

Verloren gegangene Harmonie
Die Erinnerung an den Geliebten lässt das gegenwärtige Leben sehnsuchtsvoll erscheinen, die als harmonisch empfundene Einheit von Natur und Mensch ist unwiderruflich verloren gegangen. Der aktuelle Gesang der Nachtigall vermag keinen Trost zu spenden.

Gesamtdeutung:
Die ursprüngliche, aber verloren gegangene, Harmonie der Liebenden führt im aktuellen Erleben der Trennung zu einer nicht stillbaren Sehnsucht.

WICHTIGE BEGRIFFE IM ÜBERBLICK	
Perioden	Frühromantik, Hochromantik, Spätromantik
Autoren	**Ludwig Tieck** (1773–1853), **Novalis (Friedrich von Hardenberg**, 1772–1801), **Friedrich Schlegel** (1772–1829), **Clemens Brentano** (1778–1842), **Joseph von Eichendorff** (1788–1857), **E. T. A. Hoffmann** (1776–1822)
Literarische Zentren	Jena, Heidelberg, Berlin

Schlüssel-begriffe der Epoche	Progressive Universalpoesie, Sehnsucht, Ironie
Kern-gedanke	Bewusstsein der Unvereinbarkeit von Ideal (Kunst, Reisen) und Wirklichkeit (Arbeit, alltägliche Sorgen). Der durch Arbeit entzauberte Mensch wird durch die Dichtung wieder verzaubert.
Kernsatz	„Nach innen geht der geheimnisvolle Weg. In uns oder nirgends ist die Ewigkeit mit ihren Welten, die Vergangenheit und die Zukunft." **(Novalis)**
Werke	**Novalis**, *Hymnen an die Nacht* (1799); **Joseph von Eichendorff**, *Aus dem Leben eines Taugenichts* (1826); **E.T.A. Hoffmann**, *Lebensansichten des Katers Murr* (1820–1822)

7 Vormärz und Biedermeier

Grundlagen

QUICK-FINDER

Politisierung der Literatur im Vormärz

DIE LITERATUR WIRD PARTEIISCH UND POLITISCH „Friede den Hütten! Krieg den Palästen!" – Die Literatur des Vormärz ist aufsässig, politisch und parteiisch. Die Schriftsteller des Vormärz stehen der **Restauration** zwischen dem **Wiener Kongress** (1815) und der **Märzrevolution** (1848) kritisch gegenüber und üben auf der Basis **liberaldemokratischer Ideale** eine **scharfe Kritik an Staat und Gesellschaft**. Diesem Selbstverständnis gemäß schreiben sie nicht nur Romane, Novellen, Dramen und Gedichte, sondern bedienen sich auch **journalistischer Formen** wie der Berichterstattung oder der Sozialkritik. Die literarisch bedeutsamste Flugschrift dieser Zeit ist *Der Hessische Landbote* von **Georg Büchner**. Die Flugschrift aus dem Jahre 1834 beginnt mit dem folgenden Vorbericht:

Georg Büchner, *Der Hessische Landbote (Auszug)*
„Dieses Blatt soll dem hessischen Lande die Wahrheit melden, aber wer die Wahrheit sagt, wird gehenkt, ja sogar der, welcher die Wahrheit liest, wird durch meineidige Richter vielleicht gestraft. Darum haben die, welchen dies Blatt zukommt, folgendes zu beobachten:

1. Sie müssen das Blatt sorgfältig außerhalb ihres Hauses vor der Polizei verwahren;
2. sie dürfen es nur an treue Freunde mitteilen;
3. denen, welchen sie nicht trauen, wie sich selbst, dürfen sie es nur heimlich hinlegen;
4. würde das Blatt dennoch bei Einem gefunden, der es gelesen hat, so muß er gestehen, daß er es eben dem Kreisrat habe bringen wollen;
5. wer das Blatt nicht gelesen hat, wenn man es bei ihm findet, der ist natürlich ohne Schuld."

(Georg Büchner, *Der Hessische Landbote***)**

DAS JUNGE DEUTSCHLAND Tonangebend war die Gruppe des Jungen Deutschland um die Schriftsteller **Karl Gutzkow, Ludolf Wienbarg, Theodor Mundt, Heinrich Laube** und **Ludwig Börne**. Diese Autoren schlossen sich als Reaktion auf einen Bundestagsbeschluss aus dem Jahre 1835 zusammen, in Folge dessen ihre Schriften gemeinsam mit denen Heinrich Heines verboten wurden. Der Beschluss des Bundestages vom 10. Dezember 1835 enthielt dabei den folgenden Wortlaut:

Beschluss des Bundestages vom 10. Dezember 1835
„Nachdem sich in Deutschland in neuerer Zeit, und zuletzt unter der Benennung „das junge Deutschland“ [...] eine literarische Schule gebildet hat, deren Bemühungen unverhohlen dahin gehen [...] für alle Klassen von Lesern zugänglichen Schriften die christliche Religion auf die frechste Weise anzugreifen, die bestehenden sozialen Verhältnisse herabzuwürdigen und alle Zucht und Sittlichkeit zu zerstören: so hat die deutsche Bundesversammlung [...] sich zu nachstehenden Bestimmungen vereinigt: [...] Sämtliche deutschen Regierungen übernehmen die Verpflichtung [...] auch die Verbreitung dieser Schriften [...] mit allen ihnen gesetzlich zu Gebot stehenden Mitteln zu verhindern.“

KRITIK SOZIALER MISSSTÄNDE Die Lyriker des Jungen Deutschland nehmen kritisch und appellativ Stellung zu den Themenbereichen Volk, Vaterland und Nation, Meinungsfreiheit, Gesellschaft und Staat und widmen sich der Kritik sozialer Missstände. Aus ihren Texten spricht gleichermaßen die Wut über das Elend der Menschen wie der Wille, dagegen anzugehen. Der Begriff des Jungen Deutschland wurde in der Folgezeit auf alle politischen Lyriker des Vormärz ausgedehnt, insbesondere auch auf Heinrich Heine, Georg Herwegh, Ferdinand Freiligrath und auch auf Georg Büchner, der aufgrund der Veröffentlichung des *Hessischen Landboten* zur Fahndung ausgeschrieben wurde, sich aber selbst nicht dieser Gruppe zugehörig fühlte, weil er im Gegensatz zum engen Kreis des Jungen Deutschland gesellschaftliche Veränderungen ohne die Anwendung von Gewalt nicht für möglich hielt.

WICHTIGE BEGRIFFE	
Autoren	**Georg Büchner** (1813–1837), **Ludwig Börne** (1786–1837), **Heinrich Heine** (1797–1856), **August Heinrich Hoffmann von Fallersleben** (1798–1874), **Eduard Mörike** (1804–1875)
Schlüsselbegriffe der Epoche	Vormärz: Politisierung der Literatur, Volk, Vaterland, Nation, Kritik sozialer Missstände, Meinungsfreiheit, Zensur; Biedermeier: Rückzug ins Private, Wohlbehagen, Gemütlichkeit
Kernsatz	„Friede den Hütten! Krieg den Palästen!" **(Georg Büchner)**; „Wie reizend alles" **(Eduard Mörike)**
Gattungen	Politische Lyrik und dokumentarisches, offenes Drama im Vormärz; beschauliche Lyrik und Novellistik im Biedermeier
Werke	**Heinrich Heine,** *Buch der Lieder* (1827), *Deutschland. Ein Wintermärchen* (1844); **Georg Büchner,** *Lenz* (postum 1835), *Woyzeck* (1836/37 postum), *Dantons Tod* (1835), **Eduard Mörike,** *Mozart auf der Reise nach Prag* (1855)

Biedermeierliche Beschaulichkeit

RESTAURATIVE TENDENZEN IM BÜRGERTUM Die Wirkung der Dichter des Vormärz war im politischen Bewusstsein des Bürgertums im 19. Jahrhundert gering. Am deutlichsten zeigt sich dies bei der Rezeption der Gedichte des mit einem Berufsverbot belegten Breslauer Professors **August Heinrich Hoffmann von Fallersleben**, dessen Gedicht *Das Lied der Deutschen* später nationalistisch umgedeutet wurde und der den Zeitgenossen fast ausschließlich durch seine Kinderlieder *Alle Vögel sind schon da* und *Ein Männlein steht im Walde* ins Bewusstsein trat.

LITERARISCHE REAKTIONEN AUF DIE RESTAURATION

Vormärz	Biedermeier
Herausbildung eines politischen Bewusstseins	Hinwendung zu resignierender **Verinnerlichung**
Bereitschaft zu **politischer Auseinandersetzung**	Abwendung von der Politik und Rückzug ins Private

HOCHSCHÄTZUNG DES FAMILIÄREN UMFELDES Während die Vertreter des Jungen Deutschland auf der Basis liberal-demokratischer Ideale ihre literarische Produktion politisch begriffen, arrangierten sich die Autoren, die der zeitgleichen Biedermeierkultur zuzurechnen sind, mit den gesellschaftlich-politischen Zuständen.

HOHE BEDEUTUNG DER TRIVIALLITERATUR Gelesen wurde vornehmlich Trivialliteratur, die entweder direkt das eigene bescheidene und beschauliche Leben auf besinnliche und anheimelnde Weise bestätigte oder indirekt den Biedermann durch Gespenster-, Schauer- und abstruse Abenteuergeschichten in seiner schlichten Weltperspektive bestärkte.

Formen der Dichtung: Lyrik

QUICK-FINDER

Protest- und Agitationslyrik im Vormärz

STRUKTURELEMENTE DER LYRIK DES VORMÄRZ Ein typisches Beispiel für die engagierte Parteinahme der Dichter des Vormärz stellt *Das Hungerlied* von **Georg Weerth** dar, das der **Protest- und Agitationslyrik** zuzuordnen ist.

Georg Weerth, *Das Hungerlied* (1843 / 47)

Verehrter Herr und König, Weißt du die schlimme Geschicht? Am Montag aßen wir wenig, Und am Dienstag aßen wir nicht.	Direkte, despektierliche und ironische Anrede des Königs. Konfrontative, parteiische Beantwortung der rhetorischen Frage
Und am Mittwoch mußten wir darben Und am Donnerstag litten wir Not; Und ach, am Freitag starben Wir fast den Hungertod!	Steigerung und Betonung
Drum laß am Samstag backen Das Brot, fein säuberlich – Sonst werden wir sonntags packen Und fressen, o König, dich!	Schlussfolgerung: unverblühmte Drohung als gedanklich-emotionale Quintessenz

STRUKTURELEMENTE DER LYRIK DES VORMÄRZ	
Gegenstand	Politische Sachverhalte, keine Stimmungen
Funktion der stilistischen Mittel	Unterstreichung politischer Mitteilungsabsichten

7

FORMEN DER POLITISCHEN LYRIK IM VORMÄRZ

Protestlyrik	Agitationslyrik
Aus einer kritischen und engagierten Position heraus werden mit Nachdruck Schwächen und Mängel der politischen Realität benannt, ohne das politische System radikal in Frage zu stellen.	Politische Lyrik, in der sich der Autor mit dem Anspruch, die beste aller möglichen Lösungen politischer Probleme zu kennen, gegen alte oder für neue Herrschaftsverhältnisse einsetzt, mit dem Ziel, den Leser / Hörer mit allen Mitteln von der 'Wahrheit' zu überzeugen und ihn im Sinne dieser Überzeugung zum aktiven, häufig auch gewaltsamen Kampf zu veranlassen.

Rückwendung zum klassisch-romantischen Dichtungs- und Humanitätsideal im Biedermeier

BESCHAULICHKEIT Die Biedermeierzeit verdankt ihren Namen einer parodistischen Textsammlung mit dem Titel *Gedichte des schwäbischen Schulmeisters Gottlieb Biedermeier und seines Freundes Horatius Treuherz* aus dem Jahre 1855. Für den Biedermeier typisch ist die Hochschätzung des familiären Umfeldes sowie eine **Rückwendung zum**

klassisch-romantischen Dichtungs- und Humanitätsideal. Ein typisches Beispiel für die biedermeierliche Beschaulichkeit stellt das Gedicht *Auf eine Lampe* von **Eduard Mörike** dar.

Eduard Mörike, *Auf eine Lampe*
Noch unverrückt, o schöne Lampe, schmückest du,
An leichten Ketten zierlich aufgehangen hier,
Die Decke des nun fast vergeßnen Lustgemachs.
Auf deiner weißen Marmorschale, deren Rand
Der Efeukranz von goldengrünem Erz umficht,
Schlingt fröhlich eine Kinderschar den Ringelreihn.
Wie reizend alles! lachend, und ein sanfter Geist
Des Ernstes doch ergossen um die ganze Form –
Ein Kunstgebild der echten Art. Wer achtet sein?
Was aber schön ist, selig scheint es in ihm selbst.

ROMANTIK	VORMÄRZ	BIEDERMEIER
Poetisierung der Wirklichkeit	**Politisierung** der Literatur	Unpolitische Orientierung an den **klassisch-romantischen** Idealen der Kunst und der Humanität

Heinrich Heine: Dichter der Romantik und des Vormärz

DIE SONDERROLLE HEINES **Heinrich Heine** (1797–1856) spielt eine Sonderrolle. Einerseits sind seine Frühwerke deutlich von der Romantik geprägt, andererseits ist der zeitlebens politisch engagierte Dichter dem Vormärz zuzuordnen.

LIEDTON UND IRONIE In seinen ersten Werken steht Heine deutlich in romantischer Tradition. In den Bänden *Gedichte* (1822), *Lyrisches Intermezzo* (1823) und insbesondere im *Buch der Lieder* (1827) ist der romantische Liedton unüberhörbar, obwohl sich Heine in vielen dieser Gedichte ironisch von der Romantik abgrenzt.

HEINES LIEDTON IM GEDICHT	HEINES IRONIE IM GEDICHT
LEISE ZIEHT DURCH MEIN GEMÜT	**DAS FRÄULEIN STAND AM MEERE**
Leise zieht durch mein Gemüt / Liebliches Geläute. / Klinge, kleines Frühlingslied, / Kling hinaus ins Weite. / Kling hinaus, bis an das Haus, / Wo die Blumen sprießen. / Wenn du eine Rose schaust, / Sag, ich laß sie grüßen.	Das Fräulein stand am Meere / Und seufzte lang und bang, / Es rührte sie so sehre /Der Sonnenuntergang. // Mein Fräulein! sein Sie munter, / Das ist ein altes Stück; / Hier vorne geht sie unter / Und kehrt von hinten zurück.

POLITISCHE DICHTER UND DICHTENDE POLITIKER In Heines späteren Gedichten ist der Einfluss der Dichtung des Vormärz nicht zu übersehen. Im Gegensatz zu vielen Dichtern des Vormärz, denen es weniger um die künstlerische Qualität ihrer Texte als um die zu transportierende Botschaft ging, ist für Heine – bei allem politischen Engagement – letztlich die künstlerische Qualität entscheidend. Das Verhältnis Heines zu den Autoren des Vormärz war daher nicht unproblematisch. Zu **Ludwig Börne** (1786–1837), dem Wortführer der deutschen Emigranten, hielt sich Heine in kritischer Distanz. Während Börne in den Augen Heines nur ein politischer Publizist war, betont Heine demgegenüber die Eigenständigkeit der Kunst. Der Dichter ist nach Heine in erster Linie nach ästhetischen und nicht nach politischen Maßstäben zu beurteilen. Ein politischer Dichter ist daher nicht zu verwechseln mit einem dichtenden Politiker.

Heinrich Heine, *An einen politischen Dichter*
Du singst, wie einst Tyrtäus sang,
Von Heldenmut beseelet,
Doch hast du schlecht dein Publikum
Und deine Zeit gewählet.

Beifällig horchen sie dir zwar,
Und loben, schier begeistert:
Wie edel dein Gedankenflug,
Wie du die Form bemeistert.

Sie pflegen auch beim Glase Wein
Ein Vivat dir zu bringen
Und manchen Schlachtgesang von dir
Lautbrüllend nachzusingen.

Der Knecht singt gern ein Freiheitslied
Des Abends in der Schenke:
Das fördert die Verdauungskraft,
Und würzet die Getränke.

Formen der Dichtung: Die Dramen Büchners

QUICK-FINDER

Büchners republikanische Haltung

BÜCHNERS RADIKALPOLITISCHE GESINNUNG **Georg Büchner** (1813–1837), nach dem die höchste literarische Auszeichnung der Bundesrepublik Deutschland, der jährlich von der *Deutschen Akademie für Sprache und Dichtung in Darmstadt* verliehene **Georg-Büchner-Preis**, benannt ist, wurde am 17.10.1813 in Goddelau bei Darmstadt geboren. Er studierte Medizin, Naturwissenschaften, Geschichte und Philosophie. In Gießen schloss er sich der radikalen Freiheitsbewegung an und gründete 1834 die **Gesellschaft für Menschenrechte**, um die reaktionären Verhältnisse in Hessen zu ändern. 1835 floh der inzwischen wegen seiner politischen Flugschrift *Der Hessische Landbote* steckbrieflich gesuchte Büchner. Er starb am 19.02.1837 in Zürich.

BÜCHNERS REVOLUTIONSSKEPSIS Büchner hat schon als Schüler ein deutliches politisches Bewusstsein entwickelt, das durch eine republikanische Haltung geprägt ist. Viele seiner Schulkameraden teilen diese Haltung und sind Mitglieder in konspirativen oder zumindest oppositionellen Zirkeln, von denen Büchner sich jedoch zunächst fernhält, da seiner Auffassung nach die Zeit für revolutionäre Handlungen noch nicht reif gewesen sei. Gleichwohl empfindet Büchner das gesellschaftliche Klima in Darmstadt als politisch bedrückend und einengend. Er verlässt daher Hessen im Jahre 1831, um in Straßburg ein Medizinstudium zu beginnen. Während seiner Straßburger Zeit wird Büchners Auseinandersetzung mit den politischen und sozialen Fragen seiner Zeit immer intensiver, er sieht die Wurzeln gesellschaftlicher Missstände dabei nicht nur begründet in der Vorenthaltung bürgerlicher Rechte, sondern vor allem auch in der materiellen Unterdrückung des Volkes begründet. Büchner beschäftigt sich in der Folgezeit mit den Folgen der **französischen Juli-Revolution**, aus der sich eine Diktatur des Großbürgertums entwickelt. Büchner entwickelt zunehmend eine **radikalpolitische Position** und beginnt sich mit den politischen Theorien der so genannten utopischen Sozialisten **Saint-Simon, Babeuf** und **Fourier** zu beschäftigen, ohne freilich seine revolutionsskeptische Grundhaltung aufzugeben. Deswegen beteiligt er sich auch nicht am berühmten **Hambacher Fest** vom 27. Mai 1832, bei dem rund 30 000 Menschen gegen die politischen Verhältnisse demonstrieren. Diese Grundhaltung Büchners zeigt sich vor allem in einem Brief an seine Eltern aus dem April des Jahres 1833, in dem Büchner ihnen gegenüber seine Nichtbeteiligung am so genannten **Frankfurter Wachensturm** vom 3. April 1833, einem gescheiterten und schlecht vorbereiteten Revolutionsversuch, der neun Tote und mehrere Verletzte forderte, damit begründet, dass er

„im gegenwärtigen Zeitpunkt jede revolutionäre Bewegung als eine vergebliche Unternehmung betrachte und nicht die Verblendung derer teile, welche in den Deutschen ein zum Kampf für sein Recht bereites Volk sehen. Diese tolle Meinung führte die Frankfurter Vorfälle herbei, und der Irrtum büßte sich schwer."

BÜCHNERS DRAMENTHEORETISCHE POSITION Diese Grundhaltung findet ihren unmittelbaren Niederschlag in Büchners dramentheoretischer Position, die sich deutlich **von Schillers idealistischem Theaterkonzept unterscheidet.**

Georg Büchner, ***Brief an Gutzkow*** **(Juni 1836)**
„Die Gesellschaft mittelst der Idee, von der gebildeten Klasse aus reformieren? Unmöglich! Unsere Zeit ist rein materiell, wären Sie je direkter politisch zu Werke gegangen, so wären Sie bald auf den Punkt gekommen, wo die Reform von selbst aufgehört hätte. Sie werden nie über den Riß zwischen der gebildeten und ungebildeten Gesellschaft hinauskommen."

Georg Büchner, ***Brief an die Eltern*** **(28.07.1835)**
„[...] der dramatische Dichter ist in meinen Augen nichts, als ein Geschichtsschreiber, steht aber *über* letzterem dadurch, daß er uns die Geschichte zum zweiten mal erschafft und uns gleich unmittelbar, statt eine trockene Erzählung zu geben, in das Leben einer Zeit hinein versetzt, uns statt Charakteristiken Charaktere, und statt Beschreibungen Gestalten gibt. Seine höchste Aufgabe ist, der Geschichte, wie sie sich wirklich begeben, so nahe als möglich zu kommen. Sein Buch darf weder *sittlicher*, noch *unsittlicher* sein, als die *Geschichte selbst* [...] Der Dichter ist kein Lehrer der Moral, er erfindet und schafft Gestalten, er macht vergangene Zeiten wieder aufleben, und die Leute mögen dann daraus lernen, so gut, wie aus dem Studium der Geschichte und der Beobachtung dessen, was im menschlichen Leben um sie herum vorgeht. [...] Wenn man mir übrigens noch sagen wollte, der Dichter müsse die Welt nicht zeigen wie sie ist, sondern wie sie sein solle, so antworte ich, daß ich es nicht besser machen will, als der liebe Gott, der die Welt gewiß gemacht hat, wie sie sein soll. Was noch die sogenannten Idealdichter anbetrifft, so finde ich, daß sie fast nichts als Marionetten von Fleisch und Blut gegeben haben, deren Leid und Freude mich mitempfinden macht, und deren Tun und Handeln mir Abscheu oder Bewunderung einflößt. Mit einem Wort, ich halte viel auf Goethe oder Shakespeare, aber sehr wenig auf Schiller."

KLASSISCHES UND SOZIALES DRAMA	
Das klassische Drama	**Büchners soziales Drama**
Ausklammern der gesellschaftlichen Realität	Die gesellschaftliche Realität wird zum **beherrschenden** Thema
Freiheit des Willens	**Determiniertheit** der Protagonisten
Geschichtsphilosophische Entwürfe	Geschichtsfatalismus
Humanistisch-idealistische Perspektive	**Materialistisch-pessimistische** Perspektive
Harmonisches Zusammenspiel aller Teile des Dramas	**Lose Szenenfolge** in der Tradition der Sturm und Drang-Periode

Woyzeck

DOKUMENTARISCHER CHARAKTER DES WOYZECK Georg Büchner macht in seinem Drama *Woyzeck* (1836/37) zum ersten Mal in der Geschichte des Dramas eine Figur, die über keinerlei Bildung verfügt und sich nur unvollkommen artikulieren kann, zur Hauptfigur. Das Drama beruht auf einem historisch belegten Eifersuchtsmord: Im Jahre 1821 erstach ein arbeitsloser Perückenmacher gleichen Namens seine treulose Geliebte und wurde trotz ernsthafter Zweifel an seiner geistigen Zurechnungsfähigkeit öffentlich hingerichtet. Auf dieser dokumentarischen Grundlage wird Woyzeck in diesem Fragment gebliebenen Drama zum Sinnbild des wehrlosen und von Herkunft und Milieu abhängigen Menschen, der sein Handeln nicht selbst bestimmen kann und in diesem Sinne determiniert zum Verbrecher wird. Büchner bricht mit diesem ersten bedeutenden **sozialen Drama** vollständig mit der Tradition des klassischen Dramas und wird damit zu einem ersten **Wegbereiter der Moderne**.

INHALTSZUSAMMENFASSUNG Woyzeck ist ein Soldat, der seinen Körper für medizinische Versuche verkaufen muss. Als Woyzecks Geliebte Marie von einem Tambourmajor verführt wird, ersticht Woyzeck Marie in auswegloser Einsamkeit und ertrinkt beim Versuch, das in einen Teich geworfene Mordmesser zu bergen.

Dantons Tod

DAS THEMA DES DRAMAS Büchners revolutionsskeptische Haltung zeigt sich deutlich in seinem Drama *Dantons Tod*, in dem Büchner am Beispiel der Jakobinerdiktatur der Jahre 1793/94 das Umschlagen ursprünglich freiheitlicher Ideale der Französischen Revolution in Willkürherrschaft darstellt.

BÜCHNERS AUSEINANDERSETZUNG MIT DER FRANZÖSISCHEN REVOLUTION Im August 1833 kehrt Büchner nach Darmstadt zurück, um, wie es die hessischen Gesetze verlangen, sein Studium in Gießen abzuschließen. In diese Zeit fällt Büchners intensive Beschäftigung mit der Geschichte der Französischen Revolution, die zur Grundlage seines ersten Dramas, *Dantons Tod*, wird, mit dessen Niederschrift er im Januar des Jahres 1835 beginnt. *Dantons Tod* gilt als Vorläufer des Dokumentartheaters, da Büchner in seinem Drama umfangreiches historisches Quellenmaterial verarbeitet.

INHALTSZUSAMMENFASSUNG *Dantons Tod* handelt von dem Schicksal des französischen Revolutionärs Georg Danton, der versucht die Republik ohne Gewalt zu errichten. Zu Beginn des Stückes legen die Anhänger Dantons ihre politische Haltung dar, sie fordern bürgerliche Freiheiten und die Beendigung der Schreckensherrschaft Robespierres („die Revolution muss aufhören und die Republik muss anfangen"). Doch Danton ist skeptisch und zeigt sich resigniert („die Statue der Freiheit ist noch nicht gegossen, der Ofen glüht, wir alle können uns noch die Finger dabei verbrennen"). Dantons Befürchtungen bestätigen sich: Das Volk fordert Blutrache („Totschlagen, wer lesen und schreiben kann!") und Robespierre gelingt es, die Jakobiner von der Fortsetzung der Gewaltherrschaft zu überzeugen. Es kommt zur direkten Auseinandersetzung zwischen Danton und Robespierre, erneut spricht sich Danton gegen die Fortsetzung der Schreckensherrschaft aus. Dies besiegelt sein Todesurteil, da Robespierre in Danton nun einen erbitterten Feind sieht („Er muss weg. Wer in einer Masse, die vorwärts drängt, stehen bleibt, leistet so gut Widerstand, als trät' er ihr entgegen: er wird zertreten.") Danton wird in der Folge von seinen Anhängern zur Flucht gedrängt, doch Danton glaubt nicht an seine bevorstehende Verhaftung und verhält sich passiv. Auch als die geplante Inhaftierung Dantons offensichtlich wird, verharrt Danton, „der Hundeleien überdrüssig", weiter in Inaktivität, während Robespierre und St. Just die Verhaftung Dantons vor dem Nationalkonvent zu rechtfertigen suchen. Dantons Passivität steigert sich nach der Inhaftierung: Während seine Anhänger noch über Fragen der atheistischen und materialistischen Philosophie diskutieren, beginnt Danton, sich nach der Guillotine zu sehnen. Während seiner Anhörung vor dem Revolutionstribunal, ursprünglich von ihm selbst eingerichtet zur Rettung Unschuldiger, erntet er für seine Rede zwar Beifall, aber die Sitzung wird aus fadenscheinigen Gründen vom Präsidenten des Revolutionsrats abgebrochen. Aufgrund einer Denunziation wird Danton erneut dem Tribunal vorgeführt, wieder gelingt es Danton, die Menge für sich zu gewinnen. Er will „mit der Kanone der Wahrheit hervorbrechen" und seine „Feinde zermalmen". Doch in der letzten Szene des dritten Aktes reicht das Argument eines Bürgers, Danton sei ein „wohlhabender Fresser", um die Meinungen umschlagen zu lassen. Es kommt zur Verurteilung und Hinrichtung Dantons und seiner Anhänger.

GRABENKÄMPFE NACH DER ERMORDUNG DES KÖNIGS
Büchner thematisiert in diesem Stück die Grabenkämpfe der politischen Machtcliquen nach der Hinrichtung des Königs im Jahre 1793. Nachdem alle gemäßigten Gruppierungen ausgeschaltet worden sind, setzt die Handlung des Stücks kurz nach der Eliminierung der Hébertisten ein und endet mit der Ermordung Dantons und seiner Anhänger, die, obwohl sie lange Zeit alle Gewaltmaßnahmen mitverantwortet hatten, sich zunehmend von Robespierres brutaler Linie zu distanzieren begannen.

DIE MANIPULIERBARKEIT DES VOLKES Büchners Revolutionsskepsis zeigt sich unmittelbar in der Darstellung des Volkes, das nicht als Träger, nicht als Subjekt der Revolution, sondern als dessen Opfer, als Objekt politischer Manipulation gezeigt wird.

DIE POLITISCHE MANIPULIERBARKEIT DES VOLKES (III,10)	
„Es lebe Danton!"	„Es lebe Robespierre! Nieder mit Danton!"

DARSTELLUNG DES SOZIALEN ELENDS Büchner verdeutlicht jedoch nicht nur den Wankelmut des Volkes, sondern auch dessen andauerndes soziales Elend und die hieraus resultierenden Folgen, seine Unmoral und Obszönität wie seinen Zynismus, seinen Blutdurst und seine Verführbarkeit.

DIE STIMME DES VOLKES IN DANTONS TOD	
I, 2	**Bürger:** „Wir sind das Volk und wir wollen, dass kein Gesetz sei"
II, 2	**Rosalie:** „Mach fort, da kommen Soldaten, wir haben seit gestern nichts Warmes in den Leib gekriegt."
II,6	**Simon:** „Ihr werdet Euch um das Vaterland verdient machen."
III,10	**Bürger:** „Köpfe statt Brot, Blut statt Wein" **Alle:** „Es lebe Robespierre! Nieder mit Danton! Nieder mit dem Verräter!"
IV,4	**Fuhrmann:** „Meine Kinder sind auch Würmer und die wollen auch ihr Teil davon. Oh, es geht schlecht mit unsrem Metier und doch sind wir die besten Fuhrleute."

IV,7	**Weib:** „Platz! Platz! Die Kinder schreien, sie haben Hunger. Ich muss sie zusehen machen, dass sie still sind. Platz!"
IV,8	**Weib:** „Ja man muss die Leute in allen Verhältnissen sehen, es ist recht gut, dass das Sterben so öffentlich wird."

DANTON U. ROBESPIERRE ALS SPIEGELBILDER BÜCHNERS

Während in Büchners Bearbeitung des historischen Stoffes Robespierre den Revolutionsprozess vorantreibt und im Namen der politischen Moral vor Morden nicht zurückschreckt, verfolgt Danton einen politisch gemäßigten Kurs, er bezweckt die Beendigung der politischen Morde. Dantons Handeln ist dabei aber nicht geschichtsoptimistisch geprägt, sondern als Ausdruck seiner politischen Resignation zu deuten, da er nicht nur den Folgen der Revolution skeptisch gegenübersteht, sondern zugleich auch den eigenen Handlungsmöglichkeiten. Insofern stellen Danton und Robespierre Doppelbilder Büchners dar; in der Figur des Danton spiegelt sich dabei Büchners eigene politische Skepsis und Resignation und in der Figur des Robespierre Büchners politisches Credo, wenn das Volk den revolutionären Prozess erkannt und diesen zu steuern gewusst hätte.

7

DER HISTORISCHE DANTON (* 28.10.1759; † 5.04.1794 IN PARIS)	
1787	Anwaltszulassung
1790	Gründung des „Club des Cordeliers" mit Camille Desmoulins und Jean Paul Marat

1791	Ernennung zum Staatsanwalt
1792	Angebliche Beteiligung am Sturm auf die Tuilerien und an der Inhaftierung der königlichen Familie sowie Ernennung zum Justizminister
1793	Schaffung des Revolutionstribunals und Wohlfahrtsausschusses; Übernahme der Leitung des Ersten Wohlfahrtsausschusses (bis 10. Juli 1793); Organisation der Terrorherrschaft (terreur), aber keine Beteiligung an den Septembermorden
1794	Danton setzt sich für das Ende der Terrors ein und wird von Robespierre gestürzt, Verhaftung (30.3.) und Hinrichtung (5.4.)

8 Realismus, Naturalismus, Expressionismus

Grundlagen

QUICK-FINDER

Der resignative Grundton des Realismus

GESCHEITERTE REVOLUTION VON 1848 Die Schriftsteller des Realismus sind geprägt durch das Scheitern der bürgerlichen Revolution von 1848, die das Selbstverständnis des Bürgertums erschüttert hat: Traditionelle Bindungen und Normen (Religion, Großfamilie und Ständegesellschaft) haben ihre Orientierungskraft eingebüßt. Die großen idealistischen Hoffnungen der Zeit vor der gescheiterten Revolution haben sich zerschlagen. Diese **ernüchternde Zeiterfahrung** prägt die Literaturproduktion der Epoche des Realismus, die in ihrem Grundton **resignativ** ist, weil sie der Wirklichkeit **kein Gegenkonzept** entgegenzustellen mag.

GERINGE BEDEUTUNG DES DRAMAS Das Drama – die öffentlichteste Form der Literatur – erfährt mit Ausnahme des dramatischen Werks **Friedrich Hebbels** (1813–1863) einen Niedergang. Einzig in den Prosagattungen Roman und Novelle gelingt es den Autoren, sich der gesellschaftlichen Realität der eigenen Zeit zu stellen. Diese Stellungnahme beschränkt sich dabei jedoch auf eine poetisch verdichtete Beschreibung gesellschaftlicher Zustände, ohne diesen eine Perspektive oder eine weiterführende Kritik abringen zu können. Das Drama hingegen bot diese Möglichkeiten nicht. Sowohl die auf den Konflikt zugespitzte Tragödie wie die auf Entlarvung eitlen Verhaltens hin ausgerichtete Komödie konnten dem Literaturverständnis der Realisten nicht entsprechen. Die zeitgenössische Theaterproduktion fand seine hauptsächliche Ausprägung im heute unbedeutenden Unterhaltungs- und Bildungstheater. Versuche, die zeitgenössische Dramenproduktion zu beleben, scheiterten;

schon die Zeitgenossen beklagten das Absinken des Dramas ins Epigonenhafte, Dilletantische und Triviale. Gewissermaßen als Ausweg aus dieser Misere wies Theodor Storm auf die innere Verwandtschaft zwischen Novelle und Drama hin, indem er bemerkte, dass „die heutige Novelle [...] die Schwester des Dramas und die strengste Form der Prosadichtung“ sei.

DOMINANZ VON NOVELLE UND ROMAN Der Novellendichter **Paul Heyse** beschreibt die Vorzüge dieser beiden Gattungen: „Wenn der Roman ein Cultur- und Gesellschaftsbild im Großen, ein Weltbild im Kleinen entfaltet, bei dem es auf ein gruppenweises Ineinandergreifen oder ein concentrisches Sichumschlingen verschiedener Lebenskreise recht angesehen ist, so hat die Novelle in einem einzigen Kreise einen einzigen Conflict, eine sittliche oder Schicksals-Idee oder ein entschieden abgegrenztes Charakterbild darzustellen und die Beziehungen der darin handelnden Menschen zu dem großen Ganzen des Weltlebens nur in andeutender Abbreviatur durchschimmern zu lassen. Die Geschichte, nicht die Zustände, das Ereigniß, nicht die sich in ihm spiegelnde Weltanschauung, sind hier die Hauptsache.“ **(Paul Heyse,** ***Einleitung zu Deutscher Novellenschatz*****)**

8

Der Naturalismus als Gegenbewegung zum poetischen Realismus

DARSTELLUNG DES HÄSSLICHEN Als Gegenbewegung zum poetischen Realismus formiert sich um Gerhart Hauptmann (1862–1946) die Gruppe der **Naturalisten**, die sich wie die Anhänger des poetischen Realismus gegen jegliche idealistische Überhöhung der Literatur wehren, im Gegensatz zu den Realisten aber das **Hässliche ins Zentrum ihrer Literatur rücken**.

POETISCHER REALISMUS	NATURALISMUS
Poetische Verklärung der Realität	Wiedergabe der **tatsächlichen Verhältnisse**
Ablehnung der Darstellung des Hässlichen	Das Hässliche rückt in den Blickpunkt
Verzicht auf jegliche Parteinahme	**Provokation** des Publikums

EPOCHENWENDE „Unsre Welt ist nicht mehr klassisch, / Unsre Welt ist nicht romantisch, / Unsre Welt ist nur modern" schreibt Arno Holz programmatisch. Produkte der Moderne sind für die Naturalisten die **Schattenseiten der Zivilisation** wie das Elend in den Großstädten und die **Lage der Arbeiter** unter den Bedingungen des Industriezeitalters. Aus diesem Grund rücken die Naturalisten **Szenen aus der Alltagswelt** von Fabrik und Kneipe, Mietskaserne und Hinterhof sowie Elend, Armut und Krankheit in den Mittelpunkt ihrer Werke, die nicht nur den Kaiser, sondern auch das bildungsorientierte Bürgertum zutiefst irritieren und provozieren.

DETERMINISTISCHES WELTBILD Das Hässliche ist nach Ansicht der Naturalisten der Grundzug der Moderne. Die Weltanschauung der Naturalisten gründet sich auf die Erkenntnisse der Naturwissenschaft: Sie sehen im **Menschen** nicht mehr als **ein Stück Natur**, das nach den Regeln strenger Kausalität von seiner Umwelt und seiner

Erbmasse determiniert ist. Die Naturalisten lehnen jede metaphysische Spekulation über die Freiheit des Menschen ab.

WICHTIGE BEGRIFFE	
Autoren	**Gerhart Hauptmann** (1862–1946); **Arno Holz** (1863–1929)
Kernbegriffe	Anspruch auf naturwissenschaftliche Objektivität; Das Hässliche rückt in den Blickpunkt; Determinismus und sozialer Veränderungswille; Sekundenstil
Kernsatz	„Unsre Welt ist nicht mehr klassisch, / Unsre Welt ist nicht romantisch, / Unsre Welt ist nur modern" **(Arno Holz)**
Gattungen	Lyrik als Erzählgedicht und offenes Drama als Lebensausschnitt
Werke	**Gerhart Hauptmann,** *Bahnwärter Thiel* (1888), *Die Weber* (1893); **Arno Holz,** *Das Buch der Zeit*

DOKUMENTATION DER VERELENDUNG Sie fordern für die Literatur, dass diese sich das naturwissenschaftliche Mittel des Experimentes zu eigen machen habe, um auf diese Weise akribisch die Verelendung des Menschen zu dokumentieren. Dabei wird gezeigt, dass seine Verelendung das Resultat der ihn bestimmenden Parameter ist.

ORIENTIERUNG AN NATURWISSENSCHAFTLICHER EXAKTHEIT Die Naturalisten orientierten sich dabei an den Werken Emile Zolas, der mit wissenschaftlicher Exaktheit Fakten und Dokumente sammelte, die die tatsächliche Lebenssituation des Menschen belegten. Die Interpretation dieses Datenmaterials erfolgte in der Literatur der Naturalisten analog der Evolutionstheorie Darwins.

NATURALISTISCHE ZUSTANDSSCHILDERUNG STATT REALISTISCHER EREIGNISSCHILDERUNG Im Mittelpunkt des realistischen Erzählens steht die Schilderung eines Ereignisses, im Naturalismus die Schilderung und direkte Bewertung gesellschaftlicher Umstände. **Gerhart Hauptmann** nannte daher seinen *Bahnwärter Thiel* eine **„novellistische Studie aus dem märkischen Kiefernforst"** – Studie deshalb, um mit dieser Charakterisierung auf die Nähe zur wissenschaftlichen Fallstudie hinzuweisen. Hauptmann rückt in der Erzählung den **psychischen Krankheitsprozess** Thiels in den Vordergrund, in dessen Schilderung auch seine Umwelt einbezogen wird. Die Erzählung *Bahnwärter Thiel* ist durch eine genau beobachtende und sozial bestimmte **Zustandsschilderung** geprägt. Hauptmann erzählt die Geschichte eines pflichtbewussten und schweigsamen Bahnwärters, der in zweiter Ehe mit der früheren Kuhmagd Lene zusammenlebt. Thiel fühlt sich mehr und mehr von Lene abgestoßen, die ein Kind mit in die Ehe einbringt, das sie dem Sohn des Bahnwärters aus erster Ehe, Tobias, der von ihr misshandelt wird, vorzieht. Thiel verkriecht sich in der Folgezeit in sein einsames Stellwärterhäuschen, in dem er seine Zeit verbringt. Als durch eine Unachtsamkeit von Lene Tobias von einem Zug überfahren wird, tötet Thiel in seiner Verwirrung Lene und ihr Kind und verfällt dem Wahnsinn.

Weltuntergangsstimmung im Expressionismus

BILDER DES INNEREN ERLEBENS DER MODERNE „Die drei Bogenlampen schweben in der Bar. Ihre Strahlen, losgelöst vom inneren Lichtkern, durchbohrten sich wie Stricknadeln. Böhm im Kognak stieg heraus, tanzte hinter den Kristallflacons der farbigen Schnäpse, leise trällernd den Cancan des Chamäleons serpentina alcoholica. Die Monde der Bogenlampen wurden obscön, ihre Strahlen fingerten in der Dekolletage der Damen [...]“ Mit diesen Worten beginnt das siebte Kapitel des Romans *Bebuquin oder die Dilettanten des Wunders* von **Carl Einstein** aus dem Jahre 1912. Schon diese wenigen Sätze machen deutlich, dass die Kunst der Expressionisten sich deutlich von der realistischen Erzählweise wie auch der naturalistischen Darstellungsweise der Realität abgrenzt.

MENSCHHEITSDÄMMERUNG Die Expressionisten teilen zwar mit den Naturalisten das **Bewusstsein der Entfremdung und Verlorenheit** des Menschen, sind im Gegensatz zu diesen aber von **Weltuntergangsvisionen** geprägt. Geradezu programmatisch trägt die von **Karl Pinthus** im Jahre 1920 herausgegebene Anthologie expressionistischer Lyrik den Titel *Menschheitsdämmerung*.

WELTENDE Das Auftaktgedicht dieser Sammlung trägt den Titel *Weltende*. Es stammt von **Jakob van Hoddis** (1887–1942) und bringt auf groteske Art und Weise das expressionistische Lebensgefühl einer aus allen Fugen geratenen Welt zum Ausdruck.

Jakob van Hoddis, ***Weltende*** (1911)
Dem Bürger fliegt vom spitzen Kopf der Hut,
In allen Lüften hallt es wie Geschrei.
Dachdecker stürzen ab und gehn entzwei
Und an den Küsten – liest man – steigt die Flut.

Der Sturm ist da, die wilden Meere hupfen
An Land, um dicke Dämme zu zerdrücken.
Die meisten Menschen haben einen Schnupfen.
Die Eisenbahnen fallen von den Brücken.

NATURALISMUS	EXPRESSIONISMUS
Schilderung des Eindrucks der **Außenwelt**	Schilderung des Ausdrucks der **Innenwelt**
Versuch der **Veränderung** der äußeren Bedingungen der menschlichen Existenz	**Weltuntergangsstimmung**
Sekundenstil	**Expressiver Sprachstil:** Wortkaskaden, Wortneuschöpfungen, gebrochene Syntax, übersteigerte Metaphorik, ekstatische Ausbrüche

Für Expressionisten und Naturalisten stehen die **Darstellung des Hässlichen und Entstellten** im Vordergrund. Die Expressionisten grenzen sich aber in der Darstellungsweise und Darstellungsabsicht von den Naturalisten ab, da sie nicht ein akribisches und experimentelles Bild der Realität entwerfen, sondern **Bilder des inneren Erlebens der Moderne kreieren.**

Formen der Dichtung: Epik

QUICK-FINDER

Der realistische Roman

SELBSTVERSTÄNDNIS DER ROMANAUTOREN „Was soll ein Roman? Er soll uns, unter Vermeidung alles Übertriebenen und Hässlichen, eine Geschichte erzählen, an die wir glauben [...]; er soll uns eine Welt der Fiktion auf Augenblicke als eine Welt der Wirklichkeit erscheinen lassen [...] Das soll ein Roman" – Mit diesen Worten umreißt **Theodor Fontane** 1875 im Rahmen einer Rezension das Selbstverständnis der Autoren des bürgerlichen Realismus.

WICHTIGE BEGRIFFE

Autoren	**Friedrich Hebbel** (1813–1863), **Theodor Storm** (1817–1888), **Gottfried Keller** (1819–1890), **Theodor Fontane** (1819–1898)
Kernbegriffe	Poetische Verklärung der Wirklichkeit
Kernsatz	„Das ist ein zu weites Feld" (Fontane)
Gattungen	Niedergang des Dramas, Aufschwung der Novellendichtung
Werke	**Theodor Fontane**, *Effi Briest* (1894/95); **Theodor Storm**, *Der Schimmelreiter* (1888); **Friedrich Hebbel**, *Maria Magdalena* (1844)

STRUKTUREN DER WIRKLICHKEIT Die Autoren des Realismus wenden sich der gesellschaftlichen Realität der eigenen Zeit zu. Dabei steht – so Fontane – nicht das „nackte Wiedergeben alltäglichen Lebens, am wenigsten seines Elends und seiner Schattenseiten" im Vordergrund, sondern die Herausarbeitung der „Strukturen der Wirklichkeit", wie Fontane es nannte.

DETAILREALISMUS UND MILIEUSCHILDERUGNEN Der Roman bietet als Großgattung genügend Raum für detailrealistische Milieuschilderungen, ausufernde Landschaftsbeschreibungen und die Wiedergabe auch von längeren Unterhaltungen. Der auktoriale Erzähler fungiert als vermittelnde und alle Konflikte ausgleichende Instanz.

FORMALE ERZÄHLPRINZIPIEN DER LITERATUR DES REALISMUS
Forderung nach der Wahrscheinlichkeit des erzählten Geschehens, der dargestellten Konflikte und ihrer Lösungen
Forderung der Integration aller erzählerischen Momente (Motive, Figuren, Schauplätze, Zeitabläufe) zu einer geschlossenen Einheit
Verzicht auf idealistische Deutungen und soziale Wertung

IRONISCH-RESIGNATIVE ERZÄHLHALTUNG Die Erzählhaltung ist vielfach dadurch gekennzeichnet, dass im realistischen Roman gesellschaftliche Konventionen einerseits konfliktauslösend sind, andererseits aber das Denken und Handeln der Figuren beim Versuch der Lösung dieser Konflikte bestimmen. Die handelnden Figu ren und ihre Konflikte sind stets abhängig von den sie bestimmenden gesellschaftlichen Normen, die letztlich immer ihr Schicksal bestimmen.

DIE ERZÄHLHALTUNG IM REALISTISCHEN ROMAN	
Totalität ohne Sinn	Integration aller Erzählmomente zu einem Ganzen, ohne dem Ganzen einen Sinn geben zu können. Der **Lauf der Geschichte** wird als **unabänderlich** wahrgenommen.

Fatalismus	Die Frage nach der Handlungsfreiheit des Menschen wird umgangen. Der Mensch wird als in Naturzusammenhänge eingebunden dargestellt. Dies gibt dem Erzähler die Möglichkeit, in der Natur Gesetzesmäßigkeiten zu entdecken, mit deren Hilfe das **Unabänderliche** des Handlungsverlaufs erklärt werden kann.
Humor und Ironie	Der **Erzähler** selbst erhebt sich mit **Verständnis**, leisem **Humor** und oftmals auch **parodistisch** über das Geschehen. Er enthält sich jeder Parteinahme und legt einen nüchternen Erzählstil **ohne Pathos und Gefühlsausbrüche** an den Tag. Emotionale Vorgänge werden lediglich berichtet und Dialogpassagen sind durch den jeweiligen schichtspezifischen Konversationston geprägt.
indirekte Gesellschaftskritik	**Auktorial-ironische** Erzählhaltung als Bedingung dafür, die negative Erfahrung der Unabänderlichkeit des Zeitgeschehens und das Scheitern der Romanhelden zur Darstellung bringen zu können.

Effi Briest: Die Übermacht gesellschaftlicher Konventionen

Inhaltszusammenfassung

Mehrfach verfilmt ist Effi Briest das wohl populärste Werk des Realismus. Effi Briest, aus märkischem Landadel stammend, wird als junges Mädchen mit dem wesentlich älteren Baron Geert von Instetten verheiratet, der bereits ihre Mutter umworben hatte. Zunächst verläuft die Ehe ruhig und ereignislos, allerdings ohne Liebe und gegenseitiges Verständnis. In Kessin verliebt sich Effi in einen jungen Offizier, den Major Crampas, vergisst aber die Affäre, nachdem Instetten nach Berlin versetzt wird. Instetten selbst erfährt erst nach Jahren von dieser Affäre durch Zufall und tötet den jungen Offizier im Duell. Daraufhin wird die Ehe geschieden, das einzige Kind der beiden dem Vater zugesprochen. Effi, gesellschaftlich ausgegrenzt, führt von nun an ein vereinsamtes Leben und wird erst kurz vor ihrem Tod von den Eltern wieder aufgenommen. Der Erzähler legt am Ende dem alten Briest hinsichtlich der Frage nach der Schuld des Unglücks seiner Tochter den Satz in den Mund: „Ach, Luise, laß [...] Das ist ein zu weites Feld“.

Geert von Instetten

Obwohl Instetten seiner Frau Effi die Affäre mit Crampas verzeiht und sie weiterhin liebt, fordert er Crampas „ohne jedes tiefere Gefühl von Hass oder gar von Durst nach Rache“ zum Duell. Der anwesende Sekundant kommentiert dies mit den Worten „unser Ehrenkultus ist ein Götzendienst, aber wir müssen uns ihm unterwerfen, solange der Götze gilt“. Auch die Überlegung, dass Crampas ihm sein Glück genommen habe, kommt für Instetten nicht als Rechtfertigungsgrund des Duells in Frage, sondern einzig die mögliche gesellschaftliche Verachtung, wenn er sich nicht duelliert, um seine Ehre wiederherzustellen. Instetten vereinsamt in der Folgezeit und hält sein Leben für „verpfuscht", erzieht aber das gemeinsame Kind, allerdings so, dass es eine Abneigung gegen die eigene Mutter entwickelt.

Effi Briest

Sie wird zum **Opfer einer Verstrickung aus eigener und fremder Schuld**, menschlicher Unzulänglichkeiten und **erstarrter gesellschaftlicher Traditionen**. Für sie überraschend hält Instetten bei einem Besuch bei der Familie Briest um Effis Hand an. Sie wird aus ihrem kindlichen Spiel mit ihren Freundinnen herausgerissen, um diese Nachricht zu erhalten. Der Verlobung folgt kurze Zeit später die Heirat. Während der Hochzeitsreise zeigt sich Instetten Effi gegenüber altväterlich und schulmeisterlich. Sie erlebt Crampas als gebildeten Lebemann und als Kontrastfigur zum prinzipientreuen Instetten, dem gegenüber sie zwar schwach wird, den sie aber eigentlich nicht liebt. In einer Schlüsselstelle des Romans, in der es zu einer Begegnung mit ihrem Kind kommt, das sich aber Effi gegenüber abweisend verhält, bricht es aus ihr heraus: „Ein Streber war er, weiter nichts. [...] Und dann hat er den armen Kerl totgeschossen, den ich nicht einmal liebte [...] Dummheit war alles, und nun Blut und Mord! [...] Mich ekelt, was ich getan; aber was mich noch mehr ekelt, das ist eure Tugend."

Formen der Dichtung: Dramatik

QUICK-FINDER

Der Sekundenstil: Die akribische Beschreibung des Hässlichen in der Dramatik des Naturalismus

SEKUNDENSTIL UND MILIEUTHEORIE Das künstlerische Hauptmerkmal ist der **Sekundenstil**, mit dessen Hilfe die Naturalisten versuchen, die Lebensbedingungen darzustellen. **Akribisch** genau wurde der Zeitablauf einer Handlung dargestellt und alle Eigenarten einer Figur **präzise** nachgebildet. Um eine größtmögliche Nähe zum tatsächlichen Sprachverhalten herzustellen, wurden **Dialekt**, **Redensart**, **Satzfetzen** und **Stammeln** eingesetzt. Die Naturalisten waren Anhänger der **Milieutheorie**, nach der der Mensch durch seine **Herkunft**, sein soziales **Umfeld** und die **Zeitumstände** bestimmt ist.

BEDEUTUNG DER REGIEANWEISUNGEN Eine besondere Bedeutung kommt im naturalistischen Drama den Regieanweisungen zu, die die Funktion haben, alle Rahmenbedingungen der Handlung möglichst genau wiederzugeben – ganz im Gegensatz also zum klassischen Drama, in dem der Held einen ihm gesetzten Rahmen gestaltet, wohingegen im naturalistischen Drama der Held von dem ihm gesetzten Rahmen erdrückt wird.

GLAUBE AN DIE VERÄNDERBARKEIT DER LEBENSBEDINGUNGEN Die Naturalisten vertraten keinen Geschichtspessimismus. Im Gegenteil: Da sie die einzige Möglichkeit des sozialen Fortschritts in der Veränderung der äußeren Faktoren sahen, traten sie vehement für eine Änderung der sozialen Lebensbedingungen ein, deren gegenwärtige Hässlichkeit sie ganz in der Tradition des Vormärz – die Naturalisten bezeichneten sich auch als das Jüngste Deutschland – zum Hauptthema ihrer Literatur machten.

DARSTELLUNG MENSCHLICHEN ELENDS Das Drama erwies sich wie bereits schon im Vormärz als die geeignetste Form der Darstellung und **Anklage sozialen Elends**, dessen bedeutendster und nachhaltigster Vertreter **Gerhart Hauptmann** (1862–1946) war, der in dichter Atmosphäre das Leiden seiner Helden an ihrer eigenen Ohnmacht schilderte.

GERHARD HAUPTMANNS DRAMA DIE WEBER Hauptmanns größter Erfolg wurde das Drama *Die Weber*. Dem Drama liegen die Ereignisse des Weberaufstandes aus dem Jahre 1844 zugrunde, als hungernde schlesische Weber und Heimarbeiter, die auf ihren Bettellohn warten, in ihrer Not das Haus des Fabrikanten stürmen. Als das Militär anrückt, stirbt von einer verirrten Kugel tödlich getroffen der alte Weber Hilse, der kurz zuvor noch den Aufstand abgelehnt hatte. Das Stück besticht durch die enorme Sicherheit in der **Milieuschilderung** sowie der überaus kunstvollen Verwendung der **Mundart**. Hauptmann traf mit diesem Stück den **Nerv der Zeit**, indem er die soziale Frage eindringlich aufwarf.

DER AUFBAU DES DRAMAS DIE WEBER	
Thematik	Armut, Ausbeutung, Not und Elend
Held	Die tragende Figur ist keine einzelne herausragende Gestalt, sondern das Kollektiv der Weber.
Aufbau	An die Stelle der Pyramidenform des klassischen Dramas tritt eine Zweiteilung: Der 1. bis 3. Akt zeigt in Form einer Zustandsbeschreibung das Elend der Weber, das Ende des 3. und der 4. und 5. Akt zeigen die Handlungsdarstellung. Die geschlossene Form wird zu Gunsten analytischer Stimmungsbilder und ausführlicher Regieanweisungen aufgelöst.

Formen der Dichtung: Lyrik

QUICK-FINDER

Die naturalistische Lyrik: Erzählgedichte mit genauer Milieubeschreibung

WACHSENDE BEDEUTUNG DER STÄDTE Die naturalistische Großstadtlyrik rückt nicht das Erlebnis des Einzelnen in den Mittelpunkt der Dichtung, sondern zeigt die Verelendung als ein soziales Phänomen auf. Um 1900 wohnten bereits über 10 Millionen Menschen in Deutschland in Städten mit über 100 000 Einwohnern. Berlin war zur Weltstadt und zu einem bedeutenden kulturellen Zentrum geworden.

BESCHREIBUNG DER ALLGEMEINEN LEBENSBEDINGUNGEN Die Grundüberzeugungen der Naturalisten haben ihren Niederschlag auch in der Konzeption ihrer Lyrik gefunden. Der Schwerpunkt der naturalistischen Lyrik liegt in der möglichst akribischen Beschreibung der Lebensbedingungen in den modernen Großstädten. Eines der bekanntesten lyrischen Dokumente aus der Zeit des Naturalismus ist der Gedichtzyklus *Phantasus* von **Arno Holz**. Die Gestalt des Phantasus greift auf eine romantische Tradition zurück und bezeichnet den antiken Gott des Traums und der Verwandlung. Umgeben vom Elend flüchtet sich im Phantasus ein armer Dichter in eine Traumwelt.

Arno Holz, *Phantasus (1886)* (Auszug)
Ihr Dach stieß fast bis an die Sterne,
vom Hof her stampfte die Fabrik,
es war die richtige Mietskaserne
mit Flur – und Leiermannsmusik!
Im Keller nistete die Ratte,
parterre gabs Branntwein, Grog und Bier,

und bis ins fünfte Stockwerk hatte
das Vorstadtelend sein Quartier.
[...]
Doch pfiff auch dreist die feile Dirne,
die Welt, ihn aus: Er ist verrückt!
ihm hatte leuchtend auf die Stirne
Der Genius seinen Kuß gedrückt.
Und wenn vom holden Wahnsinn trunken
er zitternd Vers an Vers gereiht,
dann schien auf ewig ihm versunken
die Welt und ihre Nüchternheit.

Expressionistische Großstadtlyrik

BEDEUTUNG DER EXPRESSIONISTISCHEN GROSSSTADTLYRIK Während in den früheren Epochen Gedichte über das Leben in den Städten noch Landschaftsbeschreibungen glichen oder lediglich den Hintergrund eines Geschehens bildeten, erlebte die Großstadtlyrik zur Zeit des Expressionismus einen Aufschwung. Die Autoren versuchten das Wesen der Großstädte und das Erleben der Stadt in Worte zu fassen und gaben diesem ihren Ausdruck. Die Stadt erschien ihnen dabei bedrohlich, grotesk, sie schufen Sinnbilder für die Einsamkeit und Verzweiflung der Menschen.

DAS MOTIV DES ICH-ZERFALLS Neben die als katastrophisch erlebte Stadt tritt als Hauptmotiv der expressionistischen Großstadtdichtung das Motiv des **Ich-Zerfalls**. Der Mensch erfährt sich nicht mehr als das Subjekt seines Handelns, das die Dinge und die Welt beherrscht, sondern umgekehrt beginnen die Dinge den Aufstand und überrollen den Menschen, der jegliche Weltorientierung und letztlich sein Selbst verliert.

FORMALE KENNZEICHEN Formal ist diese Lyrik vor allem geprägt durch den Gebrauch von Metaphern und Personifikationen, um die gewünschte Überzeichnung und Verzerrung zu erreichen.

Das Café Josty

Paul Boldt (1885–1921), *Auf der Terrasse des Café Josty*

Der Potsdamer Platz in ewigem Gebrüll
Vergletschert alle hallenden Lawinen
Der Straßentakte: Trams auf Eisenschienen,
Automobile und den Menschenmüll.

Die Menschen rinnen über den Asphalt,
Ameisenemsig, wie Eidechsen flink.
Stirne und Hände, von Gedanken blink,
schwimmen wie Sonnenlicht durch dunklen Wald.

Nachtregen hüllt den Platz in eine Höhle,
Wo Fledermäuse, weiß, mit Flügeln schlagen
Und lila Quallen liegen – bunte Öle;

Die mehren sich, zerschnitten von den Wagen.–
Aufspritzt Berlin, des Tages glitzernd Nest,
Vom Rauch der Nacht wie Eiter einer Pest.

ZUR GESCHCIHTE DES CAFÉ JOSTY Das Café Josty war eine Berliner Konditorei, dessen bekannteste Filiale das Künstlercafé am Potsdamer Platz war. Um 1900 verkaufte die Familie Josty das Café an die Witwe des Gründers des Café Bauer. Das Josty wurde daraufhin modernisiert, behielt aber seinen angestammten Namen. Im 20. Jahrhundert wurde das Café mit seiner Aussicht auf den verkehrsreichen Potsdamer Platz wieder zu einem wichtigen Treffpunkt für Künstler, besonders des Expressionismus. 1930 stellte das Café Josty seinen Betrieb ein. Das Gebäude, in dem sich das Künstlercafé am Potsdamer Platz befand, wurde wie fast alle Bauten an diesem Standort im Zweiten Weltkrieg zerstört.

PAUL BOLDT, *AUF DER TERRASSE DES CAFÉ JOSTY*	
Strophenbau	Sonett mit der Reimfolge abba; cddc; efe; fgg
bedeutsamer Schlussreim	„Nest" / „Pest"
Vergleiche	„Menschen [...] wie Eidechsen flink" (V. 5/6); „Rauch der Nacht wie Eiter einer Pest" (V.14); lässt Assoziation zum Barock zu und zum Stoizismus barocker Sonette
Gebrochene Syntax	(Vers 11 und 12/13)
Motiv des Stillstands	„Vergletschert alle hallenden Lawinen" (V.2)
Doppel-deutigkeit	Menschenmüll: **Müll der Menschen** oder **Menschen als Müll?**

ANALYSE DES GEDICHTS Im ersten Quartett wird der Leser vor allem mit laut tönenden Geräuschen konfrontiert: dem „Gebrüll“ des Potsdamer Platzes, welches den Verkehrslärm der „Trams auf Eisenschienen“ (V. 3) und der „Automobile“ (V. 4), die zusammen mit dem unablässigen Menschenstrom, dem „Menschenmüll“ (V. 4) zu „Lawinen“ (V. 2) werden. Die Szenerie erscheint unwirklich, gerade so, als wäre das Geschehen eingefroren und „vergletschert“ (V. 2). Im zweiten Quartett „rinnen“ die Menschen „über den Asphalt“ (V. 5). Sie stellen eine konturlose, homogene Masse dar, die Aufhebung der Individualität scheint sich vollzogen zu haben. „Ameisenemsig“ und „wie Eidechsen flink“ (V. 6) stellen dabei Metaphern und Vergleiche für ein geschäftiges, allerdings letztlich sinnloses Tun dar.

Zeigen die beiden Quartette noch das Tagesgeschehen, so ist in den Terzetten die Zeit fortgeschritten, „Nachtregen hüllt den Platz in eine Höhle“ (V. 9), und weiße Fledermäuse (d.h. sich bewegende Lichter) und gallertartige „lila Quallen“ (V. 11), die als Ölpfützen auf der Straße liegen, beherrschen die Bildlichkeit des Gedichts. Im zweiten Terzett werden die Ekel erregenden Konnotationen noch verstärkt: „Aufspritzt Berlin, des Tages glitzernd Nest“ (V. 13), „wie Eiter einer Pest“ (V. 14). Was die glitzernde Stadt bei Tag verbergen kann hinter ihren trügerisch glänzenden Fassaden, offenbart sich in der Nacht: Krankheit und Elend sind hier zu Hause – ein gewaltiger Kontrast der beiden Bilder.

9 Literatur in der Weimarer Republik

Grundlagen und Dramatik

QUICK-FINDER

Verwirrende Vielfalt unterschiedlicher Stile

DAS WANKEN DER GRUNDFESTEN „Diese Zeit hat etwas durchaus Gespensterhaftes. Die Leute gehen täglich ihren Geschäften nach, machen Verordnungen und durchbrechen sie, halten Feste ab und tanzen, heiraten und lesen Bücher – aber es ist alles nicht wahr" – Mit diesen Worten charakterisiert **Kurt Tucholsky** die Zeit der Weimarer Republik, eine Zeit – so Tucholsky – in der die „Grundfesten wanken":

[...] Es ist durchaus nicht allen gemeinsam und selbstverständlich, daß das Vaterland das Höchste ist, woran sich anzuschließen Pflicht und Gewinn sei – sondern das ist sehr bestritten. Es ist durchaus nicht allen gemeinsam, daß die Familie der Endpunkt der Entwicklung und etwas Selbstverständliches sei – sondern das ist sehr bestritten. Es ist durchaus nicht selbstverständlich, daß der Kapitalismus notwendig oder gar nutzbringend sei – das ist sehr bestritten. Sie reden verschiedene Sprachen, die babylonischen Menschen, und sie verstehen einander nicht. Sie sprechen aneinander vorbei, und sie haben weniger gemeinsam denn je. [...] Wohin treiben wir? Wir lenken schon lange nicht mehr, führen nicht, bestimmen nicht. Ein Lügner, wers glaubt. Schemen und Gespenster wanken um uns herum – taste sie nicht an: sie geben nach, zerfallen, sinken um. Es dämmert, und wir wissen nicht, was das ist: eine Abenddämmerung oder eine Morgendämmerung.
*(***Kurt Tucholsky***, Dämmerung)*

LITERARISCHE REAKTIONEN IN DER WEIMARER ZEIT

Literarisches Motiv	Autoren
Verarbeitung des Ersten Weltkrieges	Kurt Tucholsky, Karl Kraus
Entlarvung der Doppelmoral im wilhelminischen Zeitalter und entwickelten Kapitalismus	Heinrich Mann, Bertolt Brecht
Thematisierung des Werte- und Realitätszerfalls	Thomas Mann
Hinwendung zu den sozialen Problemen der modernen Großstadt	Alfred Döblin
Thematisierung der Erfahrung der Bodenlosigkeit der menschlichen Existenz	Franz Kafka

UNTERSCHIEDLICHE REAKTIONEN AUF DIE ERFAHRUNG DER MODERNE Die Autoren der Weimarer Zeit lassen sich nicht programmatisch unter einen festen Epochenbegriff oder eine gemeinsame literarische Grundtendenz fassen. Zu disparat sind bei den bedeutenden Autoren, die vielfach erst später in ihrer Bedeutung erkannt worden sind, die literarischen Reaktionen und Ausdrucksformen auf die erste deutsche Republik, ihre politische Schwäche und das Zeitgeschehen.

ENTWICKLUNG NEUER POETISCHER KONZEPTE Die literarische Moderne setzt in allen Gattungen neue Akzente. Es bilden sich durchweg neue Arten des Schreibens heraus, denen trotz ihrer jeweiligen Vielfältigkeit eines gemeinsam ist, nämlich die **Abkehr von traditionellen poetischen Paradigmen.**

POETOLOGISCHE PARADIGMEN

Traditionell	Modern
Epik	
Die Erzählung gibt ein **Bild der Wirklichkeit** wieder.	In der Erzählung werden **Strukturen der Wirklichkeit** gezeigt.
Lyrik	
Das lyrische Ich erlebt die **Übereinstimmung von Ich und Natur/Welt.**	Das lyrische Ich erlebt die Entfremdung, den **Widerspruch zwischen Ich und Welt.**
Dramatik	
Die gespielte Welt wird **handelnd** dargestellt.	Die gespielte Welt wird **erzählend** dargestellt.

KLASSISCHE MODERNE Was die Autoren eint, ist ihre Zeitgenossenschaft und die hohe literarische Qualität und Aktualität ihrer Werke in allen Gattungsformen, weswegen die Literaturwissenschaft diese Epoche auch als klassische Moderne bezeichnet. Die Autoren der klassischen Moderne reagieren mit eigenen Schwerpunkten und Ausdrucksformen auf die Fülle und Dichte des Zeitgeschehens, das sich in ihren Werken auf vielschichtige Art und Weise reflektiert.

WICHTIGE BEGRIFFE IM ÜBERBLICK	
Autoren	**Kurt Tucholsky** (1890–1935), **Alfred Döblin** (1878–1957), **Franz Kafka** (1883–1924), **Heinrich Mann** (1871–1950), **Thomas Mann** (1875–1955), **Bertolt Brecht** (1898–1956)
Literarische Motive	Verarbeitung des Ersten Weltkrieges **(Kurt Tucholsky, Karl Kraus)**, kritisch-besorgte Begleitung der Weimarer Republik **(Tucholsky, Brecht)**, Thematisierung des Werte- und Realitätszerfalls **(Thomas Mann)**, Entlarvung der Doppelmoral im wilhelminischen Zeitalter **(Heinrich Mann)** und Kapitalismus **(Brecht)**, Thematisierung der Erfahrung der Bodenlosigkeit der menschlichen Existenz **(Kafka)**
Gattungen	Abkehr von traditionellen poetischen Paradigmen: Entwicklung des epischen Theaters, neue Erzähltechniken (Montagetechnik), Entwicklung des modernen Großstadtromans
Werke	**Franz Kafka**, *Die Verwandlung* (1915), *Das Urteil* (1916), *Der Proceß* (1925); **Heinrich Mann**, *Professor Unrat* (1905); **Thomas Mann**, *Buddenbrooks* (1901), *Der Tod in Vendig* (1911), *Tonio Kröger* (1903); **Alfred Döblin**, *Berlin Alexanderplatz* (1929)

Bertolt Brechts Erneuerung des Dramas

DAS THEATER ALS ORT DER POLITISCHEN AUFKLÄRUNG
Bertolt Brecht (1898–1956) galt das Theater als Ort der politischen Aufklärung und, darin an Lenz, Büchner und die Naturalisten anknüpfend, als Ort der Agitation.

DIE IDEE DES EPISCHEN THEATERS Brechts episches Theater ist dabei scharf abzugrenzen vom klassisch-aristotelischen Drama, in dessen Mittelpunkt die moralische Erziehung des Zuschauers auf dem Wege des auf der Bühne gezeigten großen tragischen Konflikts stand. Brecht dagegen entwirft ein Theater, das die Veränderung der gesellschaftlichen Wirklichkeit bewirken soll. Dem Zuschauer wird dabei zugemutet, im Bühnengeschehen keine statische, in sich abgeschlossene Welt, sondern eine politisch bedingte Momentaufnahme der Wirklichkeit zu sehen, die seine Beurteilung erfordert und zum politischen Handeln auffordert. Dieser Intention entsprechend entwirft Brecht für das Theater eine neue Ausdrucksform, das epische Theater.

DER GUTE MENSCH VON SEZUAN Als eines der gelungensten Beispiele des epischen Theaters gilt Brechts **Parabelstück** *Der gute Mensch von Sezuan*. Dem Stück liegt die Frage zugrunde, ob der Mensch zugleich gut sein könne und überlebensfähig. Die Parabel kommt durch drei Götter in Gang, die auf der Suche nach einem guten Menschen zur Erde hinabsteigen, um so ihre eigene Existenzberechtigung wie die Ordnung der Welt rechtfertigen zu können. Sie treffen dabei auf die großherzige Prostituierte Shen Te, die als Einzige bereit ist, den Göttern ein Nachtlager zur Verfügung zu stellen. Mit Hilfe der Belohnung, die sie hierfür von den Göttern erhält, gelingt es ihr, eine bürgerliche Existenz aufzubauen. Diese kann sie jedoch nur aufrecht erhalten, indem sie sich in ihren Vetter Shui Ta verwandelt. Der versucht skrupellos die Geschäfte Shen Tes zu ordnen, die durch Shen Tes Großzügigkeit, die zudem von ihrer Umwelt schamlos ausgenutzt wird, immer wieder in Gefahr geraten.

GEGENÜBERSTELLUNG: KLASSISCH-ARISTOTELISCHES UND EPISCHES THEATER

Aristotelisches Theater	Episches Theater
Die gespielte Welt wird **handelnd** dargestellt: Der klassische Held bestimmt durch sein Denken und Handeln das Geschehen.	Die gespielte Welt wird **erzählend** (episch) dargeboten: Das epische Theater zeigt, wie das Handeln der Helden durch das gesellschaftliche Sein bestimmt ist.
Der Zuschauer wird **suggestiv** durch Furcht und Mitleid (eleos und phobos) in den Sog des Geschehens hineingezogen.	Der Zuschauer wird in **argumentierender** Weise durch Verfremdungen der Handlungen wie kritisch-kommentierende Einschübe, Spruchbänder, Projektionen und Songs mit der Bühnenaktion konfrontiert.

Es wird zwischen **Tragödie** und **Komödie** unterschieden.	Die **Trennung** zwischen Tragödie und Komödie wird **aufgehoben**. Tragische Elemente werden mit komischen vermischt, um absurde Verhältnisse zu kennzeichnen.
Die Figuren sprechen grundsätzlich in **gehobener Stillage**.	Die Figuren sprechen **schicht- und typspezifisch**.
Die Form des Dramas ist **geschlossen**: pyramidenförmige 3-Akt- oder 5-Aktform (Exposition – steigende Handlung – Höhe- und Wendepunkt – fallende Handlung – Katastrophe); Einheit von Ort, Zeit und Handlung; Szenen bauen folgerichtig aufeinander auf.	Die Form des Dramas ist **offen**: jede Szene steht für sich; das Drama besteht aus selbstständigen Szenen, die locker miteinander verbunden sind, Sprengung der Einheit von Ort, Zeit und Handlung; die Geschehnisse verlaufen in Kurven; erst durch die politische Entscheidung des Zuschauers kommt das Stück zu seinem eigentlichen Abschluss.

Formen der Dichtung: Epik

QUICK-FINDER

Franz Kafka: Parabelhafte Darstellungen der Hilflosigkeit des Menschen

Der Übergang vom Kaiserreich zur Republik in den Romanen von Thomas und Heinrich Mann

SPEZIALTHEMA:

Franz Kafka: Parabelhafte Darstellungen der Hilflosigkeit des Menschen

ERFAHRUNG DER BODENLOSIGKEIT DES LEBENS Wie keinem anderen Schriftsteller vor und nach ihm ist es **Franz Kafka** (1883–1924) gelungen, dem von **Kurt Tucholsky** beschriebenen „Wanken der Grundfeste“ sowie der Erfahrung der Bodenlosigkeit sämtlicher Lebensbezüge und Orientierungsversuche literarische Gestalt zu geben. Hinter der Fassade der realen Welt, die in den Werken Kafkas allenfalls in groben Skizzen eine Rolle spielt, zeigt er eine **beklemmende Welt absurd-faszinierender Verhältnisse**. Seine Helden vergleicht Kafka mit „Eisenbahnreisenden, die in einem langen Tunnel verunglückt sind, und zwar an einer Stelle, wo man das Licht des Anfangs nicht mehr sieht, das Licht des Endes aber nur so winzig, daß es der Blick immerfort suchen muß und immerfort verliert, wobei Anfang und Ende nicht einmal sicher sind.“

ORIENTIERUNGSLOSIGKEIT Wie in einem Alptraum scheinen in den Werken Kafkas Ort und Zeit, kausale und psychologische Gesetzmäßigkeiten aufgehoben, aber dennoch ist das Geschehen stets zwingend. Die Orientierungslosigkeit der Helden Kafkas zeigt sich dabei besonders in dem Roman *Der Proceß*, in dem der Bankprokurist Josef K. verhaftet wird, sich aber frei bewegen darf, letztlich zum Tode verurteilt und von zwei gut gekleideten Herren zur Hinrichtung geführt wird. Welchen Vergehens er sich schuldig gemacht haben soll, weiß er nicht. Seine Bemühungen auf der Suche nach einer zuständigen Gerichtsinstanz schlagen fehl, es gelingt ihm lediglich, Kontakt zu unteren Instanzen aufzunehmen.

Wie sich herausstellt, besteht seine Lebensschuld darin, dass er sich für unschuldig hält. Er beginnt zu ahnen, dass er der Frage nach Schuld und Unschuld nicht in der merkwürdigen Welt der unteren Gerichtsinstanzen, sondern bei sich selbst zu suchen gehabt hätte.

PARABOLISCHE ERZÄHLHALTUNG Im Stil unprätentiös fasst Kafka die Erfahrung der Ohnmacht gegenüber einer völlig undurchschaubaren Welt in der Form parabelhaften Erzählens in Worte. Ästhetisch sind diese Texte faszinierend, weil der Leser beim Versuch der Interpretation die gleiche Erfahrung macht wie die Helden seiner Romane, Erzählungen und Parabeln – nämlich die Erfahrung, das jeder Versuch, dem erzählten Geschehen einen konsistenten Sinn zu verleihen, zum Scheitern verurteilt ist.

SPRACHLICHE PRÄZISION Exemplarisch für Kafkas Fähigkeit, absurde Situationen sprachlich präzise und logisch konsistent darzustellen, dabei aber durch den rätselhaften Charakter seiner Texte den Leser zu verstören, ist die kurze Parabel *Die Bäume*.

Franz Kafka, *Die Bäume*
Denn wir sind wie Baumstämme im Schnee. Scheinbar liegen sie glatt auf, und mit kleinem Anstoß sollte man sie wegschieben können. Nein, das kann man nicht, denn sie sind fest mit dem Boden verbunden. Aber sieh, sogar das ist nur scheinbar.

DER WIDERSTREIT ZWISCHEN DER BILD- UND DER DEUTUNGSEBENE IN KAFKAS ERZÄHLSTIL
Bild- und Deutungsebene
Der Mensch wird mit einem Baum verglichen, der scheinbar wurzellos („scheinbar liegen sie glatt auf") und verpflanzbar zu sein scheint. Das Bild ist rätselhaft: Die scheinbar glatt aufliegenden Baumstämme erweisen sich bei näherer Betrachtung als „fest mit dem Boden verbunden". Der Mensch ist also – entgegen des ersten Eindrucks – offensichtlich nicht verpflanzbar. Diese Überlegung wird im abschließenden Satz der Parabel revidiert, die Revision des Scheins erscheint ebenfalls als Schein: „Aber sieh, sogar das ist nur scheinbar".
Konstruktionsprinzip
Bild- und Deutungsebene sind nicht voneinander getrennt: Der Text beginnt mit einer Vergleichsformel („Denn wir sind wie [...]"), doch das nachfolgende Motiv der Bäume wird auf der Deutungsebene zerstört: Der erste optische Eindruck wird energisch zurückgewiesen („Nein, das kann man nicht") und auch die Korrektur des Bildes wird zurückgewiesen („Aber sieh, sogar das ist nur scheinbar").
Interpretation
Bild- und Deutungsebene stehen in einem Verhältnis der Disharmonie: Die Metapher des Baumes lässt offensichtlich keine klare Deutung des menschlichen Wesens zu. Der Widerstreit zwischen Bild- und Deutungsebene dokumentiert den Rätselcharakter der menschlichen Existenz.

Der Übergang vom Kaiserreich zur Republik in den Romanen von Thomas und Heinrich Mann

ENTLARVUNG DER DOPPELMORAL Das Thema **Heinrich Manns** (1871–1950), dem älteren Bruder **Thomas Manns** (1875–1955), ist die Entlarvung der Doppelmoral des Bildungsbürgertums im wilhelminischen Zeitalter und die Bekämpfung des Untertanengeistes sowie die leidenschaftliche Verteidigung der Weimarer Republik. Seine Romane und Erzählungen sind durch einen satirischen und expressiven Stil geprägt, während er in seinen Essays, die seinen Ruf als europäischen Humanisten, politischen Moralisten und ausgewiesenen Gegner des Nationalsozialismus festigen, insbesondere das Verhältnis von Geist und Macht erörtert.

HEINRICH MANN, PROFESSOR UNRAT **Heinrich Manns** satirische Kritik an der Doppelmoral des Bildungsbürgertums der wilhelminischen Zeit wird besonders deutlich im 1905 erschienenen und 1930 unter dem Titel „Der blaue Engel" verfilmten Roman *Professor Unrat oder Das Ende eines Tyrannen*. Der Gymnasialprofessor Unrat, Repräsentant der Autorität einer norddeutschen Kleinstadt, verfällt der Tingel-Tangel-Künstlerin Rosa Fröhlich. Durch diese Liebschaft verfängt er sich in den Netzen der von ihm eigentlich bekämpften Unmoral: Er heiratet Rosa, verliert seine Stellung, verfällt dem Glücksspiel und wird schließlich kriminell.

HEINRICH MANN, DER UNTERTAN Heinrich Manns berühmtester Roman ist der satirische Erzähltext *Der Untertan* aus dem Jahre 1914. Gegenstand der literarischen Entlarvung ist der unterwürfige, gesinnungslose und machtlüstern-nationalistische Typ des Bürgertums, im Roman personifiziert durch die Figur des Diederich Heßling. Diederich Heßling zeigt alle Attribute einer deutsch-nationalen Gesinnung, die später zu einem der geistigen Stützpfeiler des Nationalsozialismus werden sollte. Heßlings Leben wird in Episoden erzählt: Der Leser lernt zunächst seine Jugend, dann die Studienjahre des deutsch-nationalen Studenten, später den erfolgreichen Papierfabrikanten kennen, der, herrisch seinen Angestellten und seiner Familie gegenüber, skrupellos seinen Geschäften nachgeht und politisch agitiert. Er wendet sich gegen alles, was seinem deutsch-monarchistischen Weltbild gegenübersteht, nämlich gegen die Idee des liberalen Bürgertums, das Judentum und die Sozialdemokratie. Der sehr auf Zucht und Ordnung haltende Heßling wird der Ironie und dem Spott des Erzählers preisgegeben. Seine monarchistische Deutschtümelei wurzelt letztlich auf einem infantilen Untertanengeist und einer blinden Kaiserbegeisterung, die vom Erzähler auf virtuose Weise der Lächerlichkeit preisgegeben wird.

THOMAS MANNS WARNUNG VOR DEM NATIONALSOZIALISMUS Wie bei **Heinrich Mann** ist **Thomas Manns** literarisches Schaffen durch die Zeitgenossenschaft politischer Systemwechsel geprägt, die nicht ohne Auswirkungen auf die politische Profilierung Thomas Manns gewesen sind. Während Thomas Mann den Ausbruch des Ersten Weltkrieges feiert und sich noch in den *Betrachtungen eines Unpolitischen* (1918) selbst als antidemokratisch-konservativ bezeichnet, vollzieht er unter dem Eindruck des verlorenen Krieges eine Wandlung. Seit 1922 bekennt er sich zur Demokratie und warnt in Reden und Essays vor dem Nationalsozialismus. Seine zunehmend antifaschistische Publizistik bringt ihn in einen Gegensatz zum rechtskonservativen Bürgertum. 1933 kehrt er nach einer Erholungsreise nicht mehr nach Deutschland zurück und bleibt in der Schweiz. Später emigriert er in die USA, nachdem er von den Nationalsozialisten ausgebürgert wurde. Nach dem Krieg unternimmt Thomas Mann Vortragsreisen nach Deutschland, 1954 siedelt er wieder in die Schweiz über.

Thomas Mann, Buddenbrooks

Niedergang einer Kaufmannsfamilie

Der Roman *Buddenbrooks. Verfall einer Familie* steht am Anfang seiner Karriere und macht den damals erst 25-jährigen Dichter, der 1929 für dieses Werk den Nobelpreis erhielt, schlagartig berühmt. Erzählerisch in der Tradition des Realismus angesiedelt, steht im Vordergrund die Schilderung des Niedergangs einer Kaufmannsfamilie über vier Generationen hinweg, die auch deren **Werte- und Realitätszerfall miteinschließt.**

GRÖSSE DER FAMILIE BUDDENBROOK	WENDEPUNKT DES ROMANS	NIEDERGANG DER FAMILIE BUDDENBROOK
Direkte Erzähltechniken stehen entsprechend der nach außen gewandten Lebenshaltung der Protagonisten im Vordergrund.	Thomas Buddenbrooks Begegnung mit der Lehre des Philosophen Arthur Schopenhauer.	Indirekte Erzähltechniken gewinnen zunehmend entsprechend der Zunahme der Empfindsamkeit der Protagonisten an Bedeutung.

Handlungsverlauf

Während der Senior Johann Buddenbrook noch tatkräftig die Geschäfte der Firma leitet, zeigt sein Sohn aus zweiter Ehe, Johann (Jean) Buddenbrook, bereits erste Anzeichen der Dekadenz und ist als Kaufmann erfolglos, da unter seiner Leitung große Verluste zu verzeichnen sind. Sein ältester Sohn Thomas übernimmt die Geschäftsleitung in dritter Generation, ist aber ebenfalls von Selbstzweifeln geplagt. Er flüchtet in die Kunst und heiratet eine exotische Gesangskünstlerin, kann aber mit viel Selbstdisziplin dem Anspruch der Familie insgesamt noch gerecht werden, während die Geschwister erhebliche Probleme bereiten: Die ältere Schwester Antonie etwa bleibt trotz zweier gescheiterter Ehen eigentlich ein Kind und Clara, die jüngere Schwester, stirbt kurz nach ihrer Heirat an Tuberkulose. Hanno Buddenbrook, der letzte Nachfahre der Familie, der völlig in die Welt der Kunst abtaucht, stirbt lebensuntauglich an Typhus.

Erzähltechnik
Einerseits der Erzähltradition des Realismus verpflichtet, wandelt sich im Verlauf des Romans – analog zum Verfall der Familie – auf subtile Weise die Erzählhaltung. Während die Familienmitglieder von Generation zu Generation in immer stärkeren Maße dem **biologischen Verfall** ausgeliefert zu sein scheinen, steigert sich von Generation zu Generation deren **seelische Selbstthematisierung**. Der Erzähler trägt dem dadurch Rechnung, dass traditionell realistische Erzählmuster sukzessive abgebaut werden zu Gunsten verinnerlichter und indirekter Formen der Darstellung.

Zwiespalt zwischen Leben und Kunst
In nahem Zusammenhang mit den Buddenbrooks steht die Novelle *Tonio Kröger* aus dem Jahre 1903. Die Titelfigur lebt in zwei Welten und ist Bürger und Künstler zugleich, was bis in die Namensgebung des Protagonisten hineinwirkt. Tonio Kröger lebt im Zwiespalt: Er sehnt sich nach der Einsamkeit, die die Bedingung für seine künst-

lerische Existenz ist, von der er aber gleichzeitig gering denkt und die er wegen ihrer Einfachheit verachtet.

STATIONEN DES NIEDERGANGS IN DEN BUDDENBROOKS	
Die Geschichte von Größe und Abstieg der hanseatischen Kaufmannsfamilie führt durch vier Generationen, die eigentliche Handlung erstreckt sich aber nur auf einen Zeitraum von ca. 40 Jahren (1835–1877)	
Johann Buddenbrook	Gebildet, **kühl** und **selbstsicher**; führt die Geschäfte **erfolgreich** und weiß das Leben zu genießen
Johann (Jean) Buddenbrook	Fromm, **geschäftstüchtig, aber erfolglos**
Thomas Buddenbrook	Von **Selbstzweifeln** geplagt flieht er in die Kunst und kann nur mit viel Selbstdisziplin den Ansprüchen der Familie genügen. Die **Geschwister** Antonie, Christian und Clara lassen **schwerwiegende gesundheitliche** und **charakterliche Defekte** erkennen. Thomas Buddenbrooks Frau Gerda geht nur ihren musikalischen Interessen nach, ihr ist die geschäftliche Tradition gleichgültig.
Hanno Buddenbrook	**Übersensibel** und kränkelnd, **stirbt** als Gymnasiast an Typhus

10 Drittes Reich und Exil

Literatur im Faschismus

QUICK-FINDER

Zur Situation der Literatur im Faschismus

EXILLITERATUR UND ZUSTIMMUNGSLITERATUR Der größte Teil der etablierten Autoren von Rang begab sich während der Zeit des Dritten Reiches freiwillig oder gezwungenermaßen ins **Exil**. Mit der nationalsozialistischen Machtergreifung im Jahr 1933 begann die Forderung nach einer spezifisch **nationalsozialistischen Kunstproduktion**. Die Linke, weite Teile der Liberalen und die Literatur der rassistisch verfolgten Autoren verloren ihre Heimstatt. In Deutschland konnte nur die Literatur veröffentlicht werden, die politisch als unbedenklich galt und von Autoren nicht jüdischer Herkunft stammte. Im Wesentlichen handelte es sich dabei um **politische Zustimmungsliteratur**, die nach 1945 wieder von der

Bildfläche verschwand. Die von der Literaturpolitik geförderten Autoren entstammten größtenteils dem Lager der Antimoderne und Heimatliteratur.

SPEKTRUM DER PROPAGANDALITERATUR

Historische Romane,	die die angebliche Überlegenheit der arischen Rasse demonstrieren
Idyllische Bauernromane,	die eine intakte Volksgemeinschaft vorgaukeln
Siedlerromane,	die den nationalsozialistischen Anspruch widerspiegeln, den Lebensraum der Nation zu vergrößern
Kriegsromane,	die den äußeren Feind durch klischeehafte Hasstiraden denunzieren
Frauenromane,	die die traditionelle Rolle der Frau als Hausfrau im Sinne der nationalsozialistischen Propaganda festschreiben.

FREITOD VIELER EXILAUTOREN Die politischen Verhältnisse in Deutschland führten dazu, dass nahezu alle bedeutenden Autoren Deutschland verließen, von denen viele den Freitod wählten. Insgesamt bedeutete dies einen literarischen Kahlschlag, der in der Geschichte der deutschen Literatur ohne Beispiel ist. Betroffen waren dabei die Schriftsteller jüdischer Herkunft, deren Anteil am literarischen Leben seit Jahrzehnten überdurchschnittlich groß war, die Autoren des linken und mit Einschränkungen des liberalen Flügels, aber auch Autoren des bürgerlichen Lagers.

AUTOREN, DIE DEN FREITOD WÄHLTEN	
Kurt Tucholsky	1935 Selbstmord in Schweden
Ernst Toller	1939 Selbstmord in einem New Yorker Hotelzimmer
Walter Hasenclever, Walter Benjamin, Carl Einstein	1940 Selbstmord nach der Besetzung Frankreichs
Stefan Zweig	1942 Selbstmord im brasilianischen Petropolis
Klaus Mann	1949 Selbstmord in Cannes aus Verzweiflung u. a. über die Situation der Intellektuellen, nachdem er mit der amerikanischen Armee nach Deutschland zurückkehrte

LEBENSSITUATION DER EMIGRANTEN Aufgrund ihrer Uneinheitlichkeit waren die Emigranten nicht in der Lage, sich zu organisieren. Zwar herrschte Einigkeit in der Ablehnung des faschistischen Regimes, darüber hinaus konnten aber kaum politische Gemeinsamkeiten formuliert werden. Der Versuch Heinrich Manns, eine parteiübergreifende Dachorganisation ins Leben zu rufen, scheiterte.

EXILLYRIK Die Lyrik der Emigranten ist durch die schmerzliche Erfahrung des Exils gekennzeichnet. Die Ablehnung durch die Bevölkerung des jeweiligen Exillandes machte ihnen zu schaffen, vor allem aber die

Tatsache, ohnmächtig nur auf den Zusammenbruch des Regimes warten zu können. Viele fühlten sich kulturell isoliert, nur wenigen gelang es, in der Sprache des jeweiligen Gastlandes heimisch zu werden und in ihr zu veröffentlichen. In der Lyrik der Exilautoren zeigt sich deren Resignation wie deren politische Aktualität und vielfach auch materielle Not.

Bertolt Brecht, *Hollywood*
Jeden Morgen, mein Brot
zu verdienen
Gehe ich auf den Markt,
wo Lügen gekauft werden.
Hoffnungsvoll
Reihe ich mich ein
zwischen die Verkäufer.

SITUATION DER EMIGRANTEN NACH KRIEGSENDE Von den Autoren, die das Kriegsende erlebten, kehrten manche sofort, manche erst nach Jahren und einige gar nicht mehr nach Deutschland zurück.

Autoren, die im Ausland blieben	Thomas Mann
Autoren, die nach Westdeutschland gingen	Annette Kolb
Autoren, die nach Ostdeutschland gingen	Bertolt Brecht, Anna Seghers
Autoren, die enttäuscht Deutschland wieder verließen	Alfred Döblin, Klaus Mann

11 Gegenwartsliteratur

Formen der Dichtung: Epik

QUICK-FINDER

Vergangenheitsbewältigung im Gegenwartsroman

TRÜMMERLITERATUR **Heinrich Böll** charakterisierte die Literatur der unmittelbaren Nachkriegszeit als **Trümmerliteratur**. Thematisch sind die Nachkriegsjahre geprägt durch die **Erfahrung des Krieges**, der **Not** und der Erfahrungen der **Kriegsheimkehrer**.

SITUATION DER KRIEGSHEIMKEHRER Als ein typischer Vertreter der literarischen Konzeption der Trümmerliteratur ist **Wolfgang Borchert** (1921–1947) anzusehen. Sein Drama *Draußen vor der Tür* (1947) war das meistgespielte deutsche Theaterstück der Nachkriegszeit. Es beschreibt die Kriegserfahrungen des Kriegsheimkehrers und Unteroffiziers Beckmann, der nach dem Krieg eine ihm feindlich gegenüberstehende zerstörte Welt vorfindet. Von Schuldgefühlen gepeinigt, dass auch er während des Krieges Soldaten in den Tod geführt hat, und von seiner Frau verlassen, stirbt er verzweifelt „draußen vor der Tür".

VERGANGENHEITSBEWÄLTIGUNG U. GEGENWARTSKRITIK Gegen Ende der 50er-Jahre zeichnet sich – nicht zuletzt durch das Erscheinen des Romans *Die Blechtrommel* (1959) von **Günter Grass** (geb. 1927) – eine Wende in der deutschen Nachkriegsprosa ab. Im Unterschied zur Literatur der unmittelbaren Nachkriegszeit wird nun das Thema der Vergangenheitsbewältigung mit Gegenwartskritik verknüpft. Die Autoren, insbesondere **Günter Grass** und **Heinrich Böll**, wenden sich gegen restaurative Tendenzen der Wohlstandsgesellschaft und warnen vor **Anpassungsverhalten** und **Mitläufertum**. In den Romanen dieser Autoren werden Außenseiterfiguren zu zentralen

Gestalten, die ein entlarvendes Bild der Geschichte und der Gegenwart zeichnen.

BEDEUTUNG DER GRUPPE 47 Die meisten der gesellschaftlich engagierten Autoren waren Mitglied in der Gruppe 47, der neben **Günter Grass** und **Heinrich Böll** auch Schriftsteller wie **Martin Walser** (geb. 1927), **Ingeborg Bachmann** (1926 – 1973), und **Jurek Becker** (1937 – 1997) angehörten. Die Gruppe 47, benannt nach ihrem Gründungsjahr, übte einen prägenden Einfluss auf die Entwicklung der Literatur bis in die 70er-Jahre hinein aus. Die Vertreter der Gruppe 47 verbanden ihre literarische Produktion ausdrücklich mit **politischem Engagement**. Sie wollten einen Beitrag zum Aufbau der demokratischen Kultur in Deutschland leisten.

VIELFÄLTIGKEIT DER ERZÄHLPERSPEKTIVEN Die literarische Auseinandersetzung mit der Zeit des Nationalsozialismus bleibt bis in die unmittelbare Gegenwart ein Dauerthema der Gegenwartsliteratur. So greift **Günter Grass** in der Novelle *Im Krebsgang* (2002) eine Nebenhandlung des Romans *Die Blechtrommel* auf. Er spannt in diesem Erzählwerk den Bogen vom Untergang des KdF-Schiffs Wilhelm Gustloff bis hin zu den fremdenfeindlichen Anschlägen der 90er-Jahre. Die gewählten Erzählperspektiven sind dabei überaus vielfältig. Während etwa **Bruno Apitz** (1900 – 1979) in seinem Roman *Nackt unter Wölfen* (1958) eindringlich die Situation der Lagerinsassen im Konzentrationslager in Buchenwald und ihren antifaschistischen Widerstand beschreibt, nähert sich **Jurek Becker** (1937 – 1997) in seinem Roman *Jakob der Lügner* (1968) mit lakonischer Distanz dem Thema des Widerstands, seiner Vergeblichkeit und trügerischen Hoffnungen.

GÜNTHER GRASS, DIE BLECHTROMMEL Grass erzählt in diesem Roman aus der Perspektive des in einer Heilanstalt einsitzenden, sich selbst als Held verstehenden, Oskar Matzerath die Geschichte der ersten Hälfte des 20. Jahrhunderts, insbesondere über die Zeit des Zweiten Weltkrieges und über die ersten Nachkriegsjahre. Oskar Matzerath ist eine Kunstfigur, er ist bereits während seiner Geburt geistig voll entwickelt. Im Alter von drei Jahren beschließt er, den körperlichen Wachstumsprozess einzustellen. Er verfügt über eine Stimme, mit der er Glas zerspringen lassen kann und mit Hilfe seiner Blechtrommel, die er zu seinem dritten Geburtstag geschenkt bekommt, lebt er ein bizarres Außenseiterdasein voller Protest und erotischer Phantasien. Grass kombiniert in diesem Roman Elemente des klassischen Entwicklungsromans mit Elementen der Satire und des barocken Schelmenromans, in dessen Zentrum eine satirisch-ironische Analyse des kleinbürgerlichen Lebens steht.

HEINRICH BÖLL, ANSICHTEN EINES CLOWNS Ähnlich wie Günter Grass verbindet Heinrich Böll die Aufarbeitung der nationalsozialistischen Vergangenheit mit der Gegenwartsanalyse. Im Zentrum der Romane Bölls steht die Entlarvung der scheinbaren Wohlgeordnetheit der gesellschaftlichen Strukturen im Nachkriegsdeutschland, dem Böll ein gestörtes Verhältnis hinsichtlich der Frage nach einer rückhaltlosen und ehrlichen Aufarbeitung seiner politischen und gesellschaftlichen Vergangenheit attestiert. In seinem Roman *Ansichten eines Clowns* (1963) erzählt Böll die Lebensgeschichte seines Helden Hans Schnier, der als nichtangepasste Person inmitten einer funktionalen Verwaltungswelt als störender Clown wirkt. Hans Schnier, Sohn eines Industriellen, bricht aus der scheinbaren Ordnung der bürgerlichen Welt aus. Er verzichtet auf seine Karriere und verdingt sich als Pantomime. Er trennt sich von seiner Freundin Marie, als diese von ihm verlangt, ihre Liebe durch einen Ehevertrag zu regeln. Schnier empfindet das Verlangen Maries als heuchlerisch und zieht sich enttäuscht von ihr zurück, um als Pantomine seinen Zeitgenossen einen Zerrspiegel vorzuhalten, in dem sich die moralische Heuchelei in Ehe, Familie, Kirche, Staat und Gesellschaft zeigt.

JUREK BECKER, JAKOB DER LÜGNER spielt im Ghetto von Lodz. Die Titelfigur Jakob Heym sieht sich durch äußere Umstände dazu gedrängt, zu behaupten, im Besitz eines im Ghetto natürlich verbotenen Radios zu sein. Heym wird den Bewohnern des Ghettos zum Hoffnungsträger, da er die Nachricht verbreitet, dass das Ghetto kurz vor der Befreiung stünde. Die Verzweiflung der Ghettobewohner verführt ihn, immer neue und hoffnungsvollere Nachrichten zu erfinden. Heym kann sich in der Folge dieser Lebenslüge nicht mehr entziehen. Diese verhindert zwar nicht die Liquidierung des Ghettos, spendet seinen Bewohnern aber immerhin Trost: In dem Moment aber, als sich tatsächlich die Front nähert, bedeutet gerade dies für die Gefangenen den Tod, da das Ghetto vor dem Eintreffen der Befreier aufgelöst wird und die Bewohner ins Konzentrationslager transportiert werden. Neben Jakob Heym werden auch das Mädchen Lina und der Ich-Erzähler ins Konzentrationslager gebracht. Dem Ich-Erzähler allerdings gelingt die Flucht, was ihm ermöglicht, die Geschichte Jakob Heyms zu erzählen.

BERNHARD SCHLINK, DER VORLESER Bernhard Schlink beschreibt in seinem Roman *Der Vorleser* eine äußerst ungleiche Liebesgeschichte zwischen der sechsunddreißigjährigen ehemaligen KZ-Aufseherin Hanna und dem sechzehnjährigen Professorensohn Michael, der die Analphabetin unterhält, in dem er ihr Geschichten vorliest und in deren sexuelle Abhängigkeit er gerät. Dem Vorleser gelingt es auch Jahre nach der Trennung nicht, sich von Hanna gedanklich zu lösen. Ihre Wege kreuzen sich erneut, als Hanna Mitte der 60er-Jahre in einem Prozess zur Verantwortung gezogen wird, weil ihr die Mitschuld am Tode von KZ-Gefangenen zur Last gelegt wird. Michael wohnt diesem Prozess zufällig als beobachtender Jura-Student bei, greift aber nicht in die Verhandlung ein, als Hanna auf Grund von falschen Indizien, die er hätte widerlegen können, zu einer lebenslänglichen Freiheitsstrafe verurteilt wird. Schlink wirft in seinem Roman nicht nur die Frage nach der Schuld Hannas, sondern zugleich auch die Frage nach den Umständen und den Folgen einer stereotypen Vergangenheitsbewältigung auf, die durch die Schilderung der überaus ungleichen und ungewöhnlichen Beziehung zwischen Michael und Hanna durchkreuzt wird. Durch Hannas Hilflosigkeit während des Prozesses und Michaels wachsende Skepsis gegenüber juristischen Verhaltensritualen wird die stereotype Verteilung der Täter- und Opferrollen angesichts der Vielschichtigkeit und Kompliziertheit der biographischen Voraussetzungen und Lebenswege der Protagonisten thematisiert.

Auflösung literarischer Grenzen im postmodernen Roman

ÄSTHETISCHES SPIEL MIT ÜBERLIEFERTEN DICHTUNGSFORMEN In deutlicher Abgrenzung zur Literaturauffassung der Gruppe 47 bildet sich in den 80er-Jahren unter der Bezeichnung **Postmoderne** eine neue literaturtheoretische Programmatik heraus. Die Werke von Autoren wie **Christoph Ransmayr** (geb. 1954), und **Patrick Süskind** (geb. 1949) sind dadurch gekennzeichnet, dass sie die Grenzen zwischen der Unterhaltungs- und Trivialliteratur und der ernsthaften Literatur bewusst verwischen.

THESE VOM ENDE DER GROSSEN ERZÄHLUNGEN Das Spiel mit überlieferten Formen und Stilen ist typisch für die postmoderne Literaturauffassung, die in der gegenwärtigen Literaturkritik kontrovers diskutiert wird. Die Diskussion ist dabei durch zwei Standpunkte geprägt, zum einen durch ein berühmt gewordenes Zitat Hans Peter Richters, wonach die postmodernen Autoren zwar hervorragend zu schreiben verstünden, aber eigentlich nichts zu sagen hätten. Andererseits wenden die Schriftsteller, die sich der Postmoderne programmatisch zurechnen, demgegenüber ein, dass in den Zeiten der Postmoderne – also in der Zeit nach den großen ideologischen Entwürfen und Auseinandersetzungen – der französische Philosoph Lyotard spricht vom Ende der großen Erzählungen – eine Ernüchterung eingetreten sei. In ihren Augen ist es nicht mehr die Aufgabe der Literatur, ein Weltbild zu propagieren oder die Totalität der Welt romanhaft zu bewältigen; vielmehr sei es nun die Aufgabe der Literatur, in die Tiefe der Erscheinungen hinabzusteigen, wie es der postmoderne Erzähler **Klaus**

Modick (geb. 1951) einmal formulierte. An die Stelle von Geschlossenheit, historischer Kontinuität und universaler Sinnbezüglichkeit betonen die postmodernen Autoren die Fragmentierung, Diskontinuität und das Ende der Geschlossenheit und Zielhaftigkeit der Geschichte.

PATRICK SÜSKIND, DAS PARFUM Insbesondere Patrick Süskinds Roman *Das Parfüm* (1985) verbindet Elemente des Schauer- und Kriminalromans mit Elementen des historischen Romans und des klassischen Entwicklungsromans. Über diese **Formvielfalt** hinaus ist *Das Parfüm* durch die Stilfigur der **Pastiche** – also dem überaus beziehungsreichen Spiel mit klassischen literarischen Zitaten und Stilanleihen – geprägt. Süskind erzählt die Geschichte des autistischen und olfaktorischen Charakters Jean-Baptiste Grenouille, der im Paris des 18. Jahrhunderts dem Ziel nachjagt, die Essenz der absoluten Schönheit zu erzeugen und, um dieses Ziel verwirklichen zu können, zum Massenmörder wird. Erst beim letzten Mord wird er durch einen Augenzeugen und durch Indizien überführt. Seine Hinrichtung wird jedoch für Grenouille zur Vollendung seines Plans. Bestäubt mit dem Duft seines perfekten Parfüms verfällt die neugierige Menge seinem Duft, von dem sich auch der Vater seines letzten Opfers, der schließlich Grenouille wie einen Sohn liebevoll umarmt, umgarnen lässt. Grenouille gelingt die Flucht, inszeniert aber als Clochard sein Ende, da er sich von den Bettlern wie im Rausch kannibalisch verschlingen lässt.

Formen der Dichtung: Dramatik

Das Parabeltheater Max Frischs

PARABELN ALS REAKTION AUF DIE EREIGNISSE DES 20. JAHRHUNDERTS Die mit Abstand meistgespielten Dramatiker der Nachkriegszeit sind die beiden Schweizer Autoren **Max Frisch** (1911–1991) und **Friedrich Dürrenmatt** (1921–1990), allein zwischen 1951 und 1962 gab es zehn Uraufführungen ihrer Stücke, deren parabelhafter Grundtenor als konsequente Reaktion auf die schrecklichen Ereignisse und Erfahrungen des 20. Jahrhunderts zu verstehen ist.

KLASSIKER INMITTEN DER GEGENWART Die Theaterstücke **Max Frischs** sind parabelhaft angelegt, die einerseits an Brechts epischen Theater orientiert sind, andererseits aber als Ausdruck einer eigenen Theater- und Weltsicht anzusehen sind, weswegen Max Frisch schon von der zeitgenössischen Literaturkritik als „Klassiker inmitten unserer Gegenwart" bezeichnet wurde.

DER GESTÖRTE WELTBEZUG DES MENSCHEN Frisch zeigt in seinen Theaterstücken das gestörte Verhältnis des Menschen zu der ihn umgebenden Welt auf. So lässt er die Figur des Kaisers in seinem Stück *Die Chinesische Mauer* eine Mauer bauen, um „die Zukunft zu verhindern", also sein Weltbild nicht in Frage stellen zu müssen. Eine ähnliche Absicht verfolgt Frisch in seinem Stück *Wilhelm Tell für die Schule,* in dem er den Gründungsmythos der Schweiz als auf Zufällen sowie auf Opportunismus beruhend darstellt, womit er das klassische Selbstverständnis der Schweiz durch eine Demontage dieses Nationalepos nachhaltig zu erschüttern vermochte.

ANDORRA In seinem Drama *Andorra* (1961) zeigt **Max Frisch,** dass die Stigmatisierung von Menschen aus ethnischen und ideologischen Gründen eine allgegenwärtige Gefahr ist, die keineswegs überwunden ist. Der junge Andorraner Andri, der fälschlicherweise für einen Juden gehalten wird, nimmt schließlich die Rolle an, die das Vorurteil ihm zudiktiert. In zwölf Bildern schildert Frisch den Leidensweg Andris. Seine Umwelt stempelt ihn zum Juden, obwohl er der uneheliche Sohn Cans ist. Als eines Tages Andris Mutter in Andorra eintrifft, fordert sie Can auf, die Wahrheit zu sagen. Can verlässt jedoch der Mut und als diese Aufgabe der Pater übernehmen will, glaubt Andri ihm nicht. Er hält sich für den Juden, zu dem die Bewohner Andorras ihn gemacht haben. Als Andri zur Hinrichtung geführt wird, enthüllt der Lehrer seine wahre Identität. Die Andorraner ignorieren dies jedoch und schauen und hören weg. Das Stück endet damit, dass der Lehrer sich erhängt und Barblin, um deren Hand Andri vergeblich anhielt, beginnt, die Hinrichtungsstätte zu weißeln, damit Andorra wieder „weiß" wird.

Katastrophenbewusstsein und Fortschrittskritik in den Tragikomödien Friedrich Dürrenmatts

GESELLSCHAFTSKRITIK MIT DEM MITTELN DER TRAGIKOMÖDIE **Friedrich Dürrenmatt** entwickelte eine eigene Form der Tragikomödie, die auf einer Mischung tragischer und komischer Elemente beruht, mit der er, ähnlich wie Brecht im epischen Theater, den Zuschauer nicht wie in der klassischen Tragödie in das Bühnengeschehen hineinziehen wollte, sondern mit der er versuchte, den Zuschauer vom Bühnengeschehen zu distanzieren.

DÜRRENMATTS KONZEPT DER TRAGIKOMÖDIE IM UNTERSCHIED ZUR KLASSISCHEN TRAGÖDIE

Klassische Tragödie	Tragikomödie
Personale Schuld und Verantwortung	**Kollektivschuld**
Notwendigkeit als Strukturprinzip der Handlung	**Zufall** als Strukturprinzip der Handlung
Die **Handlungen** des Helden haben tragische Konsequenzen	**Keine Handlungsspielräume** der Helden
Das Tragische dient der Darstellung eines **Entscheidungskonfliktes**	Darstellung des **Absurden** und **Grotesken**

GRENZEN DES HANDELNS IN EINER ABSURD GEWORDENEN WELT Die politischen Konfrontationen der 1960er-Jahre, insbesondere der **Kalte Krieg** und die mit ihm einhergehenden **atomaren Weltuntergangsvisionen**, führen zu einem **Katastrophenbewusstsein** und in dessen Folge zu einer **Kritik an der Militarisierung und Technisierung der Welt**. Angesichts der Möglichkeit eines atomaren Untergangs erscheint Dürrenmatt der Zustand der Welt absurd, weswegen sich ihm die Frage stellt, welche sinnvollen Handlungsmöglichkeiten dem Menschen inmitten einer absurd gewordenen Welt überhaupt verbleiben, eine Frage, die im Mittelpunkt der Tragikomödie *Die Physiker* (1962) steht. Dürrenmatt lehnt dabei nicht die individuelle Verantwortung des Menschen für sein Tun ab – im Gegenteil: Er beklagt den Verlust der Handlungsspielräume des Einzelnen und sieht hierin das Kernproblem der modernen, technokratisch orientierten Gesellschaft. Die Einsicht in die scheinbare Begrenztheit der menschlichen Handlungsmöglichkeiten kann nach Dürrenmatt dabei nicht mehr mit den Mitteln der klassischen Tragödie adäquat dargestellt werden. Weil die Welt absurd ist, so Dürrenmatt, muss zwangsläufig das Drama grotesk sein.

DIE PHYSIKER Der Ort der Handlung ist ein Nervensanatorium, in das sich der Atomphysiker Johann Wilhelm Möbius geflüchtet hat, um die von ihm entdeckte Weltformel, mit deren Hilfe die Welt vernichtet werden kann, geheim zu halten. Es stellt sich heraus, dass zwei weitere Bewohner des Irrenhauses, Ernst Heinrich Ernesti und Herbert Georg Beutler, ebenfalls Physiker sind, die im Auftrag der Geheimdienste ihrer Länder den Auftrag erhielten, die Weltformel auszuspionieren. Alle drei ermorden die drei Krankenschwestern der Anstalt, von denen sie durchschaut werden. Die drei Physiker erkennen die Gefährlichkeit ihres Wissens und formulieren die groteske Erkenntnis, dass sie im Irrenhaus bleiben müssen, da nur so die Welt vor dem Irrsinn zu bewahren sei. Das unheilvolle Geschehen ist jedoch nicht mehr aufzuhalten, da sich herausstellt, dass die Leiterin der Nervenheilanstalt – die einzig wirklich Verrückte des Stücks – sich die Forschungsergebnisse aneignet und gegenüber den drei Physikern erklärt, dass sie schon längst einen eigenen Rüstungskonzern aufgebaut habe.

Dürrenmatts Theaterauffassung

Textauszug: Friedrich Dürrenmatt, ***Theaterprobleme***

Doch die Aufgabe der Kunst, soweit sie überhaupt eine Aufgabe haben kann, und somit die Aufgabe der heutigen Dramatik ist es, Gestalt, Konkretes zu schaffen. Dies vermag allein die Komödie. Die Tragödie, als die gestrengste Kunstgattung, setzt eine gestaltete Welt voraus. Die Komödie […] eine umgestaltete, im Werden, im Umsturz begriffene, eine Welt, die am Zusammenpacken ist wie die unsrige. […] Wie die Komödie vorgeht, sehen wir schon in der primitivsten Form des Witzes, in der Zote, in diesem gewiß bedenklichen Gegenstand, den ich nur darum zur Sprache bringe, weil er am deutlichsten illustriert, was ich Distanz schaffen nenne. Die Zote hat zum Gegenstand das rein Geschlechtliche, das darum, weil es das rein Geschlechtliche ist, auch gestaltlos, distanzlos ist, und, will es Gestalt werden, eben Zote wird. Die Zote ist darum eine Urkomödie, ein Transportieren des Geschlechtlichen auf die Ebene des Komischen, die einzige Möglichkeit, die es heute gibt, anständig darüber zu reden, seit die Van-de-Veldes hochgekommen sind. In der Zote wird deutlich, daß das Komische darin besteht, das Gestaltlose zu gestalten, das Chaotische zu formen.

Das Mittel nun, mit der die Komödie die Distanz schafft, ist der Einfall. Die Tragödie ist ohne Einfall. Darum gibt es auch wenige Tragödien, deren Stoff erfunden ist. Ich will damit nicht sagen, die Tragödienschreiber der Antike hätten keine Einfälle gehabt, wie dies heute etwa vorkommt, doch ihre unerhörte Kunst bestand darin, keine nötig zu haben. Das ist der Unterschied. Aristophanes dagegen lebt vom Einfall. Seine Stoffe sind nicht Mythen, sondern erfundene Handlungen, die sich nicht in der Vergangenheit, sondern in der Gegenwart abspielen. Sie fallen in die Welt wie Geschosse, die, indem sie einen Trichter aufwerfen, die Gegenwart ins Komische, aber dadurch auch ins Sichtbare verwandeln. Das heißt nun nicht, daß ein heutiges Drama nur komisch sein könne. Die Tragödie und die Komödie sind Formbegriffe, dramaturgische Verhaltensweisungen, fingierte Figuren der Ästhetik, die Gleiches zu umschreiben vermögen. Nur die Bedingungen sind anders, unter denen sie entstehen, und diese Bedingungen liegen nur zum kleineren Teil in der Kunst.

Die Tragödie setzt Schuld, Not, Maß, Übersicht, Verantwortung voraus. In der Wurstelei unseres Jahrhunderts, in diesem Kehraus der weißen Rasse, gibt es keine Schuldigen und auch keine Verantwortlichen mehr. Alle können nichts dafür und haben es nicht gewollt. Es geht wirklich ohne jeden. Alles wird mitgerissen und bleibt in irgendeinem Rechen hängen. Wir sind zu kollektiv schuldig, zu kollektiv gebettet in die Sünden unserer Väter und Vorväter. Wir sind nur noch Kindeskinder. Das ist unser Pech, nicht unsere Schuld: Schuld gibt es nur noch als persönliche Leistung, als religiöse Tat. Uns kommt nur noch die Komödie bei. Unsere Welt hat ebenso zur Groteske geführt wie zur Atombombe, wie ja die apokalyptischen Bilder des Hieronymus Bosch auch grotesk sind. Doch das Groteske ist nur ein sinnlicher Ausdruck, ein sinnliches Paradox, die Gestalt nämlich einer Ungestalt, das Gesicht einer gesichtslosen Welt, und genauso wie unser Denken ohne den Begriff des Paradoxen nicht mehr auszukommen scheint, so auch die Kunst, unsere Welt, die nur noch ist, weil die Atombombe existiert: aus Furcht vor ihr.

Quelle: **Friedrich Dürrenmatt:** *Theaterpobleme.*
Diogenes Verlag Zürich 1955

Analyse: Friedrich Dürrenmatt, Theaterprobleme

Argumentativer Grundcharakter des Textes

Die Argumentation Dürrenmatts lässt unterschiedliche Momente erkennen, im Vordergrund steht eine begriffliche Herleitung der Grundkategorien der Theaterauffassung Dürrenmatts. Darüber hinaus enthält der Text wertende, zuweilen polemische, aber auch politisch motivierte Passagen.

Der Kerngedanke des Textes

Dürrenmatt entwickelt das Bild einer chaotischen, Furcht erregenden, letztlich gesichtslosen Welt, die nicht mehr mit den Mitteln der klassischen Tragödie beschrieben werden kann. Vielmehr kommt es nach Dürrenmatt darauf an, „das Gesicht einer gesichtslosen Welt" zur Darstellung zu bringen. Dieses nach Dürrenmatts Ansicht paradoxe Unterfangen muss zwangsläufig zur Herausbildung einer besonderen Theaterform führen, nämlich der der Komödie, da nur die Groteske in der Lage ist als Distanz schaffendes Mittel das „sinnliche(s) Paradox" zum Ausdruck zu bringen.

Vorteil der Komödie gegenüber der Tragödie

Dürrenmatt beginnt seine Argumentation mit der Formulierung einer These. Er behauptet, dass es die Aufgabe der Dramatik sei, „Konkretes" zu schaffen. Diese Funktionszuweisung der Kunst kann nach Dürrenmatt nur von der Komödie geleistet werden, die Tragödie hingegen kann dieser Funktionsbestimmung nicht gerecht werden.

Abgrenzung der Komödie von der Tragödie

Dürrenmatt grenzt die Komödie von der Tragödie ab: Während die Tragödie „eine gestaltete Welt“ voraussetzt, bezieht sich die Komödie auf eine „umgestaltete [...] Welt“, eine Charakterisierung, die Dürrenmatt für die Nachkriegsjahre in Anspruch nimmt. Wie begegnet nun die Komödie der Gegenwart, die Dürrenmatt despektierlich als „eine Welt, die am Zusammenpacken“ ist, bezeichnet? Dürrenmatt führt dazu aus, dass das „Komische darin besteht, das Gestaltlose zu gestalten, das Chaotische zu formen“.

Dürrenmatts Definition des Komischen

Die Gestaltung des Chaotischen und Formlosen setzt nach Dürrenmatt Distanz voraus. Die komische Bearbeitung eines gestaltlosen Stoffes führt nach Dürrenmatt über den Weg der Distanzierung zu dessen Formung. Diese Definition des Komischen sieht Dürrenmatt hierbei schon „in der primitivsten Form des Witzes, der Zote“ angelegt.

Der Einfall als grundlegendes komisches Mittel

Unter Rückbezug auf den Komödiendichter Aristophanes bestimmt Dürrenmatt den Einfall als eine „erfundene Handlung“, die „in der Gegenwart“ spielt – im Unterschied übrigens zur Tragödie, deren Stoffe der Mythologie entnommen sind und keines Einfalls bedürfen. Wie jedoch schaffen Einfälle Distanz? Nach Dürrenmatt dadurch, dass sie „in die Welt wie Geschosse“ fallen und damit „die Gegenwart ins Komische, aber dadurch auch ins Sichtbare verwandeln“. Sie schaffen also Distanz, indem sie Unbewusstes, Verborgenes, Nichtgesehenes sichtbar machen und ihm so Gestalt geben.

Die zeitgeschichtliche Bedeutung der Komödie
Die Überlegungen Dürrenmatts sind dadurch geprägt, dass Dürrenmatt die Aktualität seines Verständnisses komischer Dramatik gegenüber der Unzeitgemäßheit der Tragödie zu begründen versucht. Da die Tragödie eine personale „Schuld" und „Verantwortung" voraussetzt, „Schuld" in der Moderne aber scheinbar nur noch als Kollektivschuld wahrnehmbar ist („Alle können nichts dafür und haben es nicht gewollt"; sowie: „Wir sind zu kollektiv schuldig, zu kollektiv gebettet in die Sünden unserer Väter und Vorväter"), erweist sich die Tragödie nicht mehr als zeitgemäß. Folglich endet die Argumentation programmatisch in der Aussage: „Uns kommt nur noch die Komödie bei". Im abschließenden Sinnabschnitt fasst Dürrenmatt den Kerngehalt seiner Argumentation zusammen: Weil die Welt grotesk ist, muss nach Dürrenmatt notwendigerweise das Drama auch grotesk sein. Der Begriff des Grotesken ist „ein sinnlicher Ausdruck, [...] das Gesicht einer gesichtslosen Welt". Das Groteske dient der Darstellung des „Paradoxen", das die „Kunst" und die „Welt" gleichermaßen bestimmt.

Aktualität der Gedanken Dürrenmatts
In zeitanalytischer Hinsicht sind Dürrenmatts Bemerkungen zur Frage der Bedingung der Möglichkeit von persönlicher Schuld und Verantwortung bemerkenswert. Dürrenmatt greift mit dieser Frage in eine Debatte ein, die bis in die Gegenwart kontrovers diskutiert wird nämlich die Frage, ob angesichts einer scheinbaren Übermacht systemischer Imperative sinnvoll noch eine individuelle Verantwortlichkeit des Einzelnen behauptet werden kann, der sich nur noch als unbedeutender Teil eines kaum zu überblickenden Ganzen erfährt.

Stichwortverzeichnis

A

B

C

D